AF217939

Chemie heute

Arbeitsheft Sachsen
Gymnasium 10. Klasse

Schroedel
westermann

Chemie heute

Arbeitsheft Sachsen
Gymnasium 10. Klasse

Bearbeitet von:

Rosemarie Förster, Chemnitz
Dieter Matthé, Dresden
Brigitta Rieck, Leipzig
Claas Riedel, Dresden

Grafik:

Beltz Bad Langensalza GmbH, Birgitt Biermann-Schickling, Brigitte Karnath, Liselotte Lüddecke, Karin Mall, Birgit Schlierf, Dr. Winfried Zemann

Bildquellen:

|Alamy Stock Photo, Abingdon/Oxfordshire: Blend Images Titel.(Schülerin). |BASF Corporate History, Ludwigshafen a. Rh.: 57.6. |fotolia.com, New York: Romolo Tavani Titel.(Blasen); WoGi Titel.(Pipette). |iStockphoto.com, Calgary: Jason Reed Titel.(Molekülstruktur). |Puchner, Dr. Mario, Braunschweig: 57.1, 57.2, 57.3, 57.4, 57.5, 57.7, 57.8, 57.9. |Rickers, Jens, Ludwigsburg: 39.1, 40.1.

© 2015 Bildungshaus Schulbuchverlage Westermann Schroedel Diesterweg Schöningh Winklers GmbH, Georg-Westermann-Allee 66, 38104 Braunschweig
www.westermann.de

Druck A^7 / Jahr 2023
Alle Drucke der Serie A sind im Unterricht parallel verwendbar.

Die Seiten dieses Produkts bestehen zu 100 % aus Altpapier.

Damit tragen wir dazu bei, dass Wald geschützt wird, Ressourcen geschont werden und der Einsatz von Chemikalien reduziert wird. Die Produktion eines Klassensatzes unserer Arbeitshefte aus reinem Altpapier spart durchschnittlich 12 Kilogramm Holz und 178 Liter Wasser, sie vermeidet 7 Kilogramm Abfall und reduziert den Ausstoß von Kohlendioxid im Vergleich zu einem Klassensatz aus Frischfaserpapier. Unser Recyclingpapier ist nach den Richtlinien des Blauen Engels zertifiziert.

Redaktion: Sylvia Feil, Dr. Sven Horst
Satz: Sandra Hammer Medienservice, Winsen (Luhe)
Umschlaggestaltung: Janssen Kahlert Design & Kommunikation GmbH
Druck und Bindung: Westermann Druck Zwickau GmbH, Crimmitschauer Straße 43, 08058 Zwickau

ISBN 978-3-507-**88049**-8

Inhaltsverzeichnis

Klasse 10

Lernbereich 1:
Von der Essigsäure zu den Estern

Deckblatt:	Von der Essigsäure zu den Estern	5
Arbeitsblatt:	Von den Alkanen zu den Alkanalen	6
Arbeitsblatt:	Reaktionen: Addition, Eliminierung, Substitution	7
Arbeitsblatt:	Chemische Bindungen und zwischenmolekulare Kräfte . . .	8
Arbeitsblatt:	Vom Ethanol zum Speiseessig	9
Arbeitsblatt:	Molekülbau und homologe Reihe der Alkansäuren	10
Praktikum:	Eigenschaften der Ethansäure	11
Arbeitsblatt:	Struktur und Eigenschaften der Alkansäuren	12
Arbeitsblatt:	Übersicht Carbonsäuren	13
Praktikum:	Vergleich von Stoffen mit einer funktionellen Gruppe	14
Arbeitsblatt:	Esterbildung, Molekülbau und Verwendung	15
Praktikum:	Darstellung von Estern	16
Praktikum:	Modellexperiment zum Verlauf chemischer Reaktionen	17
Praktikum:	Umkehrbare Reaktionen – chemisches Gleichgewicht . . .	18
Arbeitsblatt:	Beeinflussung der Reaktionsgeschwindigkeit	19
Arbeitsblatt:	Beeinflussung der Lage des chemischen Gleichgewichtes	20
Praktikum:	Duftstoffe, Aromastoffe und ihre Löslichkeit	21
Arbeitsblatt:	Übersicht: organische Stoffe . .	22
Basiswissen:	Von der Essigsäure zu den Estern	23
Aufgaben:	Aufgabensammlung	24

Lernbereich 2:
Stoffe in unseren Lebensmitteln

Deckblatt:	Stoffe in unseren Lebensmitteln	25
Arbeitsblatt:	Fette als natürliche Ester	26
Arbeitsblatt:	Omega-3-Fettsäuren	27
Praktikum:	Eigenschaften von Fetten und fetten Ölen	28

Arbeitsblatt:	Struktur des Glucose-Moleküls	29
Arbeitsblatt:	Monosaccharide – Disaccharide – Polysaccharide	30
Praktikum:	Prüfung von Nahrungsmitteln auf Glucose und Stärke	31
Praktikum:	Nachweis und Abbau von Stärke	32
Arbeitsblatt für Experten:	Verdauung der Kohlenhydrate beim Menschen	33
Arbeitsblatt:	Kohlenhydrate im Überblick . .	34
Arbeitsblatt:	Struktur der Aminosäuren	35
Arbeitsblatt:	Aminosäuren und Peptidbindungen	36
Arbeitsblatt:	Verdauung der Eiweißstoffe beim Menschen	37
Arbeitsblatt:	Proteine – eine haarige Sache	38
Praktikum:	Experimentelle Untersuchung eines Lebensmittels	39
Arbeitsblatt:	Lebensmittelzusatzstoffe	40
Basiswissen:	Stoffe in unseren Lebensmittel	41
Aufgaben:	Aufgabensammlung	42

Lernbereich 3:
Den Stoffen analytisch auf der Spur

Deckblatt:	Den Stoffen analytisch auf der Spur	43
Praktikum:	Flammenfärbung	44
Praktikum:	Farbreaktionen	45
Arbeitsblatt:	Systematisierung: Nachweis der Säurerest-Ionen	46
Praktikum:	Nachweise von Halogenid-Ionen	47
Praktikum:	Analyse unbekannter Lösungen	48
Arbeitsblatt:	Erfolgreich analytisch arbeiten	49
Arbeitsblatt:	Quantitative Analyse	50
Arbeitsblatt:	Säure-Base-Titration	51
Arbeitsblatt:	Auswertung einer Säure-Base-Titration	52
Praktikum:	Durchführung einer Säure-Base-Titration	53
Arbeitsblatt:	Leitfähigkeitstitration und elektronische Messwerterfassung	54
Basiswissen:	Den Stoffen analytisch auf der Spur	55
Aufgaben:	Aufgabensammlung	56

Inhaltsverzeichnis

Lernbereich 4:
Kunststoffe – Moderne Werkstoffe

Deckblatt: Kunststoffe – Moderne
Werkstoffe 57
Arbeitsblatt: Struktur von Kunststoffen 58
Praktikum: Untersuchung von
Kunststoffen 59
Arbeitsblatt: Polymerisation und
Polykondensation 60
Arbeitsblatt: Wiederverwendung und
Entsorgung von
Kunststoffen 61
Praktikum: Polyesterherstellung –
biologisch abbaubare
Kunststoffe 62
Basiswissen: Kunststoffe – Moderne
Werkstoffe 63
Aufgaben: Aufgabensammlung 64

Von der Essigsäure zu den Estern

HCOOH

H₃C–CH₂–COOH

H₃C–COOH

H₃C–CO–O–CH₃

H₃C–CO–O–CH₂–CH₃

HCO–O–CH₃

1. Nenne die Namen der auf dem Deckblatt dargestellten Säuren und Ester.
2. Illustriere die Modelle farbig. Wähle dabei folgende Farben: Sauerstoff *rot*, Wasserstoff *grau*.

Von den Alkanen zu den Alkanalen

1. Vervollständige die folgende Tabelle.

Stoff	vereinfachte Strukturformel	typisches Strukturmerkmal	Stoffklasse
	$CH_3-CH_2-CH_3$		
Hexen			
	$CH_3-CH_2-CH_2-C\equiv CH$		
Heptanol			
	CH_3-CHO		

2. In drei Reaktionsschritten soll aus Ethan Ethanal gewonnen werden. Ergänze die fehlenden Angaben.

a) Ethan $\longrightarrow$ _____   + Wasserstoff

               $\longrightarrow CH_2=CH_2$ + _____

Reaktionsart: _____

b) Ethen   + _____ $\longrightarrow$ Ethanol

_____   + _____ $\longrightarrow$ _____

Reaktionsart: _____

c) Ethanol   + _____ $\longrightarrow$ Ethanal   + _____   + Wasser

_____   + CuO $\longrightarrow$ _____   + _____   + _____

Reaktionsart: Redoxreaktion, Dehydrierung

3. Propan, Propanol und Propanal weisen unterschiedliche Siedetemperaturen auf. Ordne die entsprechenden Siedetemperaturen: 97 °C, –42 °C, 49 °C zu und begründe deine Entscheidung.

_____

_____

_____

_____

Chemie heute S I

Reaktionen: Addition, Eliminierung, Substitution

1. Definiere die Begriffe Addition, Eliminierung und Substitution.

_____

_____

_____

2. Formuliere für alle im Schema nummerierten Umsetzungen die Reaktionsgleichung und gib die entsprechende Reaktionsart an.

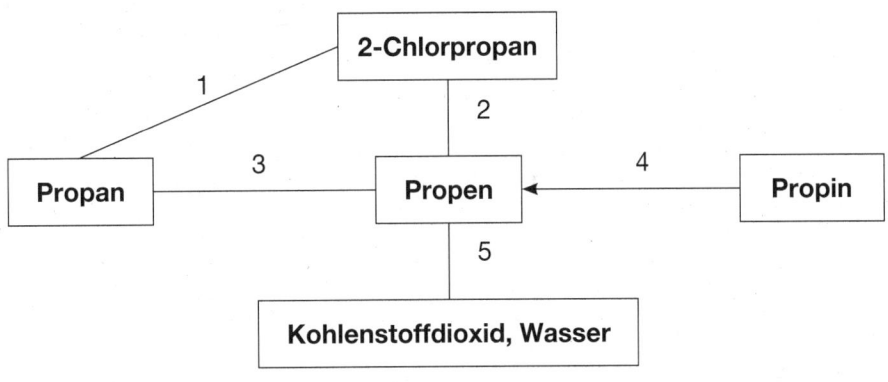

_____

_____

_____

_____

3. Ordne den angegebenen Reaktionen die Reaktionsart zu und formuliere die Wortgleichung.
a) $CH_2=CH_2 + F_2 \longrightarrow CH_2F-CH_2F$

_____

b) $CH_2Cl-CHBr-CH_2-CH_2-CH_3 \longrightarrow CH_2=CBr-CH_2-CH_2-CH_3 + HCl$

_____

c) $CH_3-(CH_2)_7-CH_3 + I_2 \longrightarrow CH_2I-(CH_2)_7-CH_3 + HI$

_____

4. 2-Brombutan wird zur Einführung der Butyl-Gruppe bei der Synthese von Arzneimitteln und Riechstoffen verwendet. Diese Substanz soll auf zwei verschiedenen Reaktionswegen mit unterschiedlicher Reaktionsart hergestellt werden. Formuliere in deinem Hefter die Reaktionsgleichungen für diese Umsetzungen und benenne die jeweilige Reaktionsart.

Chemische Bindung und zwischenmolekulare Kräfte

1. Stelle die chemischen Bindungen, die im Ethan- und Ethanol-Molekül vorliegen, gegenüber.

	Ethan-Molekül	Ethanol-Molekül
beteiligte Atome		
Lewis-Formel (Strukturformel)		
Merkmal der chemischen Bindung		
Name der chemischen Bindung		

2. Vergleiche die chemischen Bindungen im Ethanol- und im Wasser-Molekül.

_____

_____

_____

_____

3. Zwischen gleichen und unterschiedlichen Molekülen wirken zwischenmolekulare Kräfte.

a) Erkläre, die unterschiedlichen Aggregatzustände innerhalb einer homologen Reihe mithilfe der Van-der Waals-Kräfte.

_____

_____

_____

_____

b) Beschreibe die Bildung von Wasserstoffbrückenbindung zwischen Ethanol-Molekülen im reinen Ethanol und zwischen Ethanol- und Wasser-Molekülen im verdünnten Ethanol unter Verwendung der Dipole. Gib dazu die Struktur an.

_____

_____

_____

Chemie heute S I

Vom Ethanol zum Speiseessig

1. a) Erkläre den Ablauf der biotechnischen Herstellung von Speiseessig.

b) Stelle für die Essigsäuregärung die Reaktionsgleichung auf.

2. Erläutere den Unterschied zwischen der alkoholischen Gärung und der Essigsäuregärung.

3. Hochwertige Speiseessige (Balsamico) besitzen eine gelbe bis braune Färbung, beschreibe die Entstehung dieser Färbung.

4. Fülle die Tabelle aus.

Arten von Speiseessig	Ausgangsstoff oder Zusatzstoff
Weinessig	
Obstessig (Apfelessig)	
Branntweinessig	
Kräuteressig	

5. Im Handel gibt es Essigessenz und Haushaltessig zu kaufen. Gib die chemischen Unterschiede dieser beiden Produkte an.

6. Bereits 1914 begann die Essigsäuresynthese aus Ethin, das mithilfe von Wasser in Ethanal überführt wird. Anschließend wird Ethanal mit Sauerstoff über Katalysatoren (Manganacetat) zu einem 90 bis 95 %igen Rohessig oxidiert. Zum Schluss muss der Rohessig noch gereinigt (rektifiziert) werden. Stelle die Reaktionsgleichungen für die technische Gewinnung von Essigsäure auf.

Molekülbau und homologe Reihe der Alkansäuren

1. Vervollständige die verschiedenen Modelldarstellungen der Alkansäure Ethansäure.

a) und **b)** Gestalte die Atome farbig: Kohenstoff *schwarz*, Sauerstoff *rot* und Wasserstoff *grau*.

c) Zeichne die bindenden und nichtbindenen Elektronenpaare ein.

d) Formuliere die vereinfachte Strukturformel und die Summenformel von Ethansäure.

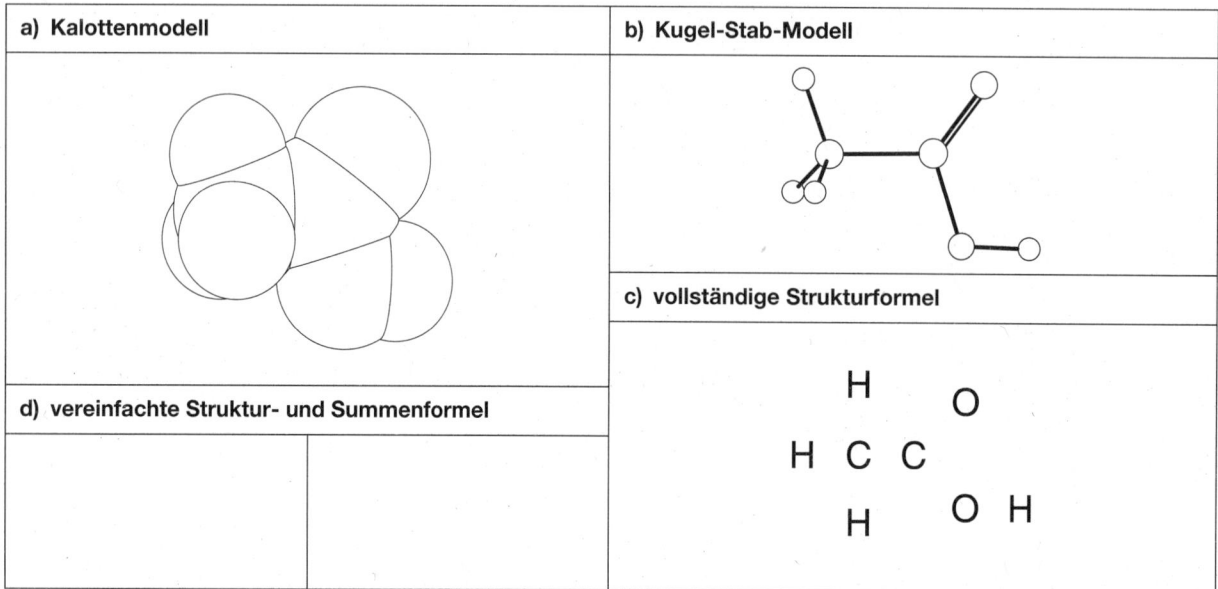

a) Kalottenmodell	b) Kugel-Stab-Modell
	c) vollständige Strukturformel
d) vereinfachte Struktur- und Summenformel	

2. Gib den Namen und die Formel der funktionellen Gruppe der Alkansäure an.

3. Vervollständige die Tabelle der ersten vier homologen Alkansäuren.

Alkansäure	Strukturformel	Summen-formel	Schmelz-temperatur	Siede-temperatur	Aggregatzustand bei 20 °C
Methansäure (Ameisensäure)		HCOOH			
Ethansäure (Essigsäure)					(l)
Propansäure (Propionsäure)			−21 °C	141 °C	
Butansäure (Buttersäure)					

4. Formuliere die allgemeine Summenformel der Alkansäuren.

Eigenschaften der Ethansäure

Ethansäure ist eine organische Säure. Organische Säuren zeigen ein ähnliches Reaktionsverhalten wie anorganische.

1. Gib die allgemeinen Wortgleichungen für die folgenden Reaktionen an:

Säure + _____ Metall $\longrightarrow$ _____

Säure + Metalloxide $\longrightarrow$ _____

Säure + _____ $\longrightarrow$ _____ + Wasser

Versuch: Reaktionen der Ethansäure

Materialien: Reagenzgläser, Stopfen, Gasbrenner;
Ethansäure ($c = 1 \frac{mol}{l}$), Natriumhydroxidlösung ($c = 1 \frac{mol}{l}$; **5**), Calciumoxid (**5**), Magnesiumspäne (**2**), Universalindikatorlösung (**2**) und Universalindikatorpapier.

Durchführung:

1. Gib in die drei Reagenzgläser jeweils 2 ml Ethansäure.

2. Gib in das erste Reagenzglas einen Tropfen Universalindikatorlösung und bestimme den pH-Wert. Diese Lösung dient als Vergleichslösung.

3. Gib in das zweite Reagenzglas etwas Magnesium. Füge nach Beendigung der Reaktion einen Tropfen Universalindikatorlösung zu und bestimme den pH-Wert.

4. Gib in das dritte Reagenzglas eine Spatelspitze festes Calciumoxid. Schüttle bis sich das Oxid gelöst hat, gib danach einen Tropfen Universalindikatorlösung zu und bestimme den pH-Wert.

5. Bestimme mit Universalindikatorpapier den pH-Wert der Natriumhydroxidlösung. Tropfe unter ständigem Schütteln die Natriumhydroxidlösung zur Säure im Reagenzglas 1 bis zum Neutralisationspunkt. Dampfe einen kleinen Teil der Lösung vorsichtig ein.

Auswertung:

a) Notiere deine Beobachtungen.

_____

_____

_____

b) Gib die Reaktionsgleichungen für die Reaktionen an und begründe damit die Beobachtungen zum pH-Wert.

_____

_____

_____

c) Benenne die entstandenen Salze.

_____

Struktur und Eigenschaften von Alkansäuren

1. Fülle die Tabelle aus.

organische Säure	Dissoziationsgleichung	Name des Säurerest-Ions
Methansäure		
	$CH_3COOH \rightleftharpoons H^+ + CH_3COO^-$	
		Butan-Ion

2. Zeichne die Strukturformel der Decansäure ein und charakterisiere die Eigenschaften der Carboxyl-Gruppe sowie des Kohlenwasserstoffrestes in Bezug auf die Löslichkeit.

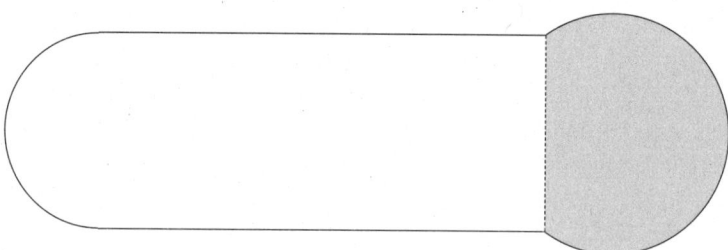

	Kohlenwasserstoffrest	**Carboxyl-Gruppe**
Polarität:	_____	_____
Verhalten gegenüber Wasser:	_____	_____
Bindungskräfte zwischen den ...	Alkylresten:	funktionellen Gruppen:
	_____	

3. Die ersten vier Alkansäuren sind in Wasser sehr gut löslich. Bei den darauf folgenden Säuren der homologen Reihe nimmt die Wasserlöslichkeit ab. Gib die Ursachen dieser Erscheinung an.

_____

_____

4. Nenne weitere Eigenschaften der Alkansäuren.

_____

_____

5. Zeichne die Wasserstoffbrückenbindungen zwischen zwei Carboxyl-Gruppen. Erkläre die Auswirkung der Wasserstoffbrückenbindung auf den Aggregatzusatnd und die Wasserlöslichkeit der Alkansäuren.

_____

_____

Chemie heute S I

© 2015 Schroedel, Braunschweig

Übersicht: Carbonsäuren

1. Vervollständige die folgende Übersicht der Carbonsäuren.

Stoffklasse: Carbonsäuren	Name der funktionellen Gruppe: Strukturformel der funkt. Gruppe: R* = Alkylrest		R* –		
		Formel	Name	Struktur-merkmal	Vorkommen
	gesättigte unverzweigte Carbonsäuren	CH_3COOH			
	gesättigte verzweigte Carbonsäuren	$CH_3-CH-COOH$ $\quad\quad\;\; \mid$ $\quad\quad\;\; CH_3$			zur Herstellung von Aromen (Aprikose, Erdbeere)
	ungesättigte Carbonsäuren	$CH_2=CH-COOH$			zur Herstellung von Polymerisaten (Kunststoffe)
	mehrwertige Carbonsäuren	$HOOC-COOH$			
	Hydroxy-carbonsäuren	$CH_3-CH-COOH$ $\quad\quad\;\; \mid$ $\quad\quad\;\; OH$			

2. Der wissenschaftliche Name der Weinsäure lautet 2,3-Dihydroxybutansäure. Notiere die Formel und nenne das Vorkommen dieser Säure.

3. Die Citronensäure hat den wissenschaftlichen Namen 2-Hydroxy-1,2,3-propantricarbonsäure.
a) Gib die auftretenden funktionellen Gruppen an.

b) Die Citronensäure ist eine stärkere Säure als die Propansäure. Begründe.

Chemie heute S I

Vergleich von Stoffen mit einer funktionellen Gruppe

Versuch: Unterscheidung von Stoffen mit Hydroxyl-, Aldehyd- und Carboxyl-Gruppen

Materialien: Reagenzgläser, Reagenzglas mit seitlichem Ansatz, Reagenzglasständer, Reagenzglashalter, Pipetten, Pinzette, Gasbrenner, Tüpfelplatte, kleine Porzellanschale, Gummistopfen; Universalindikatorpapier, Magnesiumspäne (2), Fehling-Lösung I (9), Fehling-Lösung II (5), Butansäure (5), Schwefelsäure (5), Pentanol (2, 7).

Durchführung: In drei nummerierten Reagenzgläsern befinden sich drei verschiedene Lösungen organischer Stoffe:

a) wässrige Lösung eines Stoffes mit einer Carboxyl-Gruppe,
b) wässrige Lösung eines Stoffes mit einer Aldehyd-Gruppe,
c) Stoff mit einer Hydroxyl-Gruppe.

1. Entwickle einen Plan, wie diese drei Lösungen eindeutig zu identifizieren sind.
2. Führe diese Experimente zur Unterscheidung der drei Stoffe durch.

Auswertung:

a) Plan für die Durchführung der Analyse:

_____

_____

_____

_____

_____

b) Notiere deine Beobachtungen und ziehe Schlussfolgerungen für die Identifizierung.

_____

_____

_____

_____

_____

c) Stelle im Hefter mögliche Reaktionsgleichungen für die durchgeführten Nachweisreaktionen auf. Gehe von den allgemeinen Formeln $R-COOH$, $R-CHO$ bzw. $R-CH_2OH$ aus.

Chemie heute S I

© 2015 Schroedel, Braunschweig

1. Gib die Namen, Formeln, Stoffklassen und funktionellen Gruppen der abgebildeten Moleküle an und gestalte diese farbig (Kohlenstoff *schwarz*, Sauerstoff *rot* und Wasserstoff *grau*).

Name		Name	
Formel		Formel	
Stoffklasse		Stoffklasse	
funktionelle Gruppe		funktionelle Gruppe	

2. Alkohole und Alkansäuren reagieren katalytisch unter Abspaltung von Wasser zu einem Ester. Vervollständige die Reaktionsgleichung der vereinfachten Strukturformeln und kennzeichne die für Ester typische Ester-Gruppe der Reaktionsprodukte.

$$H_3C-C\overset{\overline{O}I}{\underset{\backslash O-H}{}} \quad + \quad H-\overline{O}-CH_2-CH_3 \quad \longrightarrow$$

3. Vergleiche die Esterbildung mit der Neutralisation.

Esterbildung	Neutralisation
Gemeinsamkeiten:	
Unterschiede:	Unterschiede:

4. Gib für die verschiedenen Aroma-Ester die Namen bzw. Formeln an.

Aroma	Name des Esters	Formel des Esters
Banane	Ethansäurepentylester	
Apfel	Pentansäurepentyleser	
Rum		$C_2H_5COOC_4H_9$

Darstellung von Estern

Versuch: Herstellung verschiedener Ester

Materialien: 4 Reagenzgläser, Becherglas (hoch), Dreifuß, Drahtnetz, Gasbrenner, Messzylinder 10 ml, Pipette, Reagenzglasständer, Thermometer; Butansäure (**5**), Methansäure (**5**), Ethanol (**2**), Schwefelsäure (**5**).

Durchführung:
1. Fülle das Becherglas zur Hälfte mit Wasser und erwärme dieses Wasserbad auf etwa 50 °C.
2. Gib in das Reagenzglas 1 zwölf Tropfen Ethanol und vier Tropfen Butansäure sowie in das Reagenzglas 2 zwölf Tropfen Ethanol und vier Tropfen Butansäure.
3. Gib nun in beide Reagenzgläser je drei Tropfen konzentrierte Schwefelsäure als Katalysator. Mach eine Geruchsprobe und stelle beide Reagenzgläser in das Wasserbad.
4. Prüfe den Geruch in beiden Reagenzgläsern nach drei, sechs und neun Minuten erneut. Versuche den nach neun Minuten deutlich wahrnehmbaren aromatischen Geruch Früchten zuzuordnen.
5. Gieße die Reaktionsprodukte in mit 3 ml Wasser gefüllte Reagenzgläser und beobachte.

Auswertung:
a) Notiere deine Beobachtungen in der Tabelle.

Versuch	1	2
Ausgangsstoffe		
Geruch		
Wasserlöslichkeit		
Strukturformel des Esters		

b) Formuliere für die beiden Versuche jeweils die Wort- und Formelgleichung der abgelaufenen Reaktionen. Verwende die vereinfachten Strukturformeln.

Glas 1: _____

_____

Glas 2: _____

_____

c) Nenne Verwendungsmöglichkeiten für den Einsatz der hergestellten Fruchtester.

_____

Chemie heute S I

Modellexperiment zum Verlauf chemischer Reaktionen

Das hier beschriebene Experiment veranschaulicht in einfacher Weise den zeitlichen Verlauf einer **vollständig** ablaufenden Reaktion. Es trägt Modellcharakter.

Versuch: Modellexperiment für den zeitlichen Verlauf einer chemischen Reaktion

Materialien: 2 Messzylinder (25 ml), Glasrohr (8 mm Durchmesser).

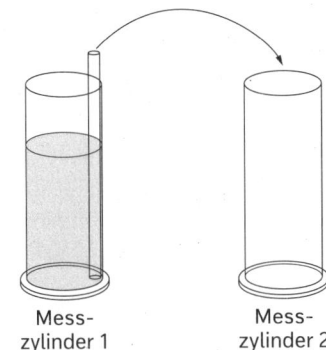

Mess-zylinder 1   Mess-zylinder 2

Durchführung:
1. Fülle 15 ml angefärbtes Wasser in Messzylinder 1. Die Füllmenge entspricht der Konzentration der Ausgangsstoffe.
2. Übertrage mit einem Glasrohr, das als Stechheber dient, Wasser in den Messzylinder 2. Der Wasserstand im Stechheber und im Messzylinder 1 muss stets gleich sein.
3. Lies nach jeder Übertragung den Flüssigkeitsstand im Messzylinder 1 ab. Trage die Werte in die Tabelle und anschließend in das Diagramm ein.

Anzahl der Wasserent-nahmen	$\frac{V_1}{ml}$	Anzahl der Wasserent-nahmen	$\frac{V_1}{ml}$
0	15		
1			
2			
3			
4			

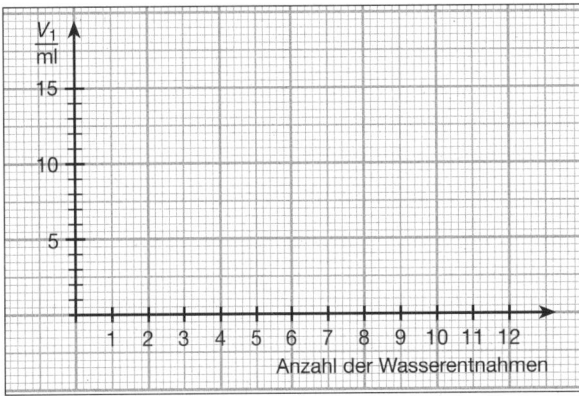

Aufgaben:

1. Stelle die Beziehungen zwischen Modell und Wirklichkeit her.

Modell	Wirklichkeit
Wasservolumen	
Anzahl der Entnahmen	
Stechheber	
Veränderung des Wasservolumens im Messzylinder 1	
Veränderung des Wasservolumens im Messzylinder 2	

2. Übertrage das Modellexperiment auf eine chemische Reaktion. Beschreibe den Verlauf
a) zu Beginn der Reaktion:

_____

_____

b) während der Reaktion:

_____

_____

c) am Ende der Reaktion:

_____

_____

_____

Umkehrbare Reaktionen – chemisches Gleichgewicht

Viele Reaktionen, die großtechnisch genutzt werden, verlaufen nicht vollständig, sondern führen zu einem chemischen Gleichgewicht. Das folgende Experiment trägt Modellcharakter. Es gibt viele Ähnlichkeiten zum Modellexperiment auf der vorherigen Seite.

Versuch: Modellexperiment zum chemischen Gleichgewicht

Materialien: 2 Messzylinder (25 ml); je ein Glasrohr mit 6 mm und 8 mm Außendurchmesser.

Durchführung:

1. Fülle 15 ml angefärbtes Wasser in den Messzylinder 1 (M1), Messzylinder 2 (M2) bleibt leer. Zwei Glasrohre werden als Stechheber verwendet.
2. Tauche das 8-mm-Glasrohr in M1 bis auf den Boden und das 6-mm-Rohr in M2. Übertrage nun gleichzeitig mit den beiden Stechhebern das Wasser vom M1 in M2 und umgekehrt.

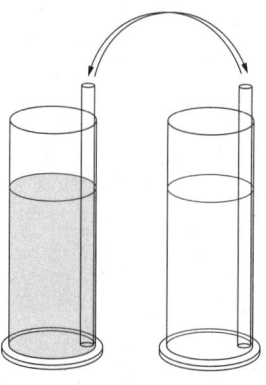
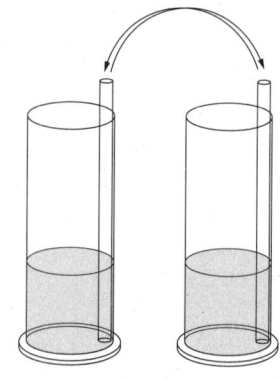

Ausgangszustand

Mess-zylinder 1 Mess-zylinder 2

Gleichgewichtszustand

Mess-zylinder 1 Mess-zylinder 2

3. Wiederhole den Vorgang so lange, bis sich das Wasservolumen in beiden Messzylindern nicht mehr ändert. Beachte: Tauche das 8-mm-Glasrohr stets in M1 und das 6-mm-Rohr stets in M2!
4. Lies nach jeder Übertragung den Flüssigkeitsstand in M1 und M2 ab. Trage die Werte in die Tabelle und anschließend ins Diagramm ein.

Anzahl der Übertragungen	$\frac{V_1}{ml}$	$\frac{V_2}{ml}$	Anzahl der Übertragungen	$\frac{V_1}{ml}$	$\frac{V_2}{ml}$
0	5	–	7		
1			8		
2			9		
3			10		
4			11		
5			12		
6			13		

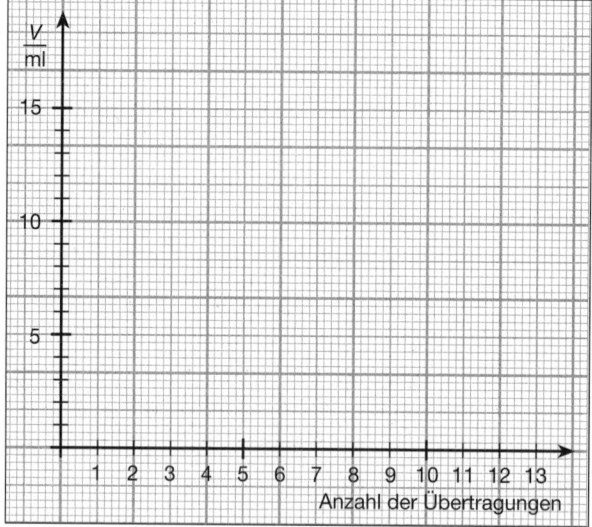

Aufgaben: (Beantwortung im Hefter)

a) Trage in das Diagramm die Einstellzeit t_E ein und kennzeichne das Gleichgewicht.
b) Stelle den Zusammenhang zwischen Modell und dem Verlauf einer chemischen Gleichgewichtsreaktion her.
c) Nenne und begründe Unterschiede zwischen einer vollständig ablaufenden Reaktion und einer Gleichgewichtsreaktion.

Beeinflussung der Reaktionsgeschwindigkeit

1. Die Reaktionsgeschwindigkeit ist in der chemischen Industrie eine wichtige Größe zur Bestimmung und Steuerung der Rentabilität von Verfahren. Erläutere die Bedingungen, die die Geschwindigkeit einer Reaktion beeinflussen können.

_____

_____

2. Beschreibe mithilfe der Abbildung, wann es bei einer Reaktion zu wirksamen Zusammenstößen zwischen Teilchen kommt.

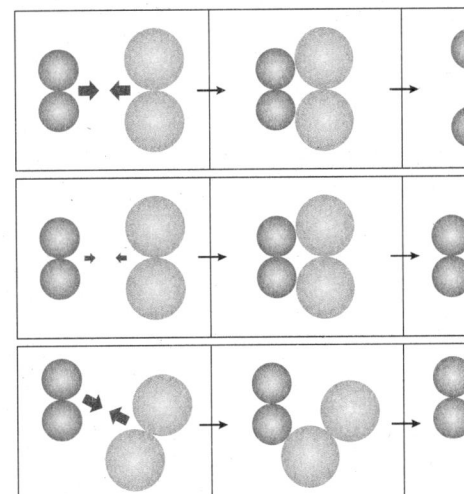

_____

_____

_____

_____

3. Kreuze in der Tabelle den bestehenden Zusammenhang zwischen Reaktionsbedingungen und Reaktionsverlauf an.

Reaktionsbedingung \ Folge	zunehmende Teilchenzahl im gleichen Raum	zunehmende Anzahl an Teilchen mit erforderlicher Mindestenergie	zunehmende Anzahl wirksamer Zusammenstöße
Erhöhung der Temperatur			
Erhöhung des Druckes			
Erhöhung der Konzentration			
Erhöhung des Zerteilungsgrades			
Einsatz eines Katalysators			

_____

_____

_____

4. Die Zersetzung von Wasserstoffperoxid verläuft unter normalen Reaktionsbedingungen sehr langsam. Erläutere, unter welchen Bedingungen diese Reaktion wesentlich beschleunigter ablaufen kann. Beantworte diese Aufgabe im Hefter.

Beeinflussung der Lage des chemischen Gleichgewichts

Bei vielen chemischen Reaktionen setzen sich die Reaktionspartner nicht vollständig um, auch wenn man sie im richtigen Stoffmengenverhältnis einsetzt. Neben den Produkten liegen im Reaktionsgemisch auch noch Ausgangsstoffe vor.

1. Nenne die Merkmale eines chemischen Gleichgewichtes.

_____

_____

2. Die Zusammensetzung eines Stoffgemisches im Gleichgewichtszustand hängt von der *Temperatur,* vom *Druck* und der *Konzentration* ab, das heißt: Das chemische Gleichgewicht weicht einem äußeren Zwang aus, indem es seine Lage ändert. Dies nennt man das **Prinzip des kleinsten Zwangs.**

Wende das Prinzip des kleinsten Zwangs auf die folgenden Beispiele an. Entwickle jeweils die Reaktionsgleichung für das Gleichgewicht.

a) Konzentrationsänderung: Ethansäure + Methanol $\rightleftharpoons$ Ethansäuremethylester + Wasser

_____

Konzentrationserhöhung eines Ausgangsstoffes fördert _____, also die Bildung _____.

Konzentrationserniedrigung eines Produktes, z. B. Entzug von Wasser, fördert die _____.

b) Temperaturänderung: Schwefeldioxid + Sauerstoff $\rightleftharpoons$ Schwefeltrioxid; exotherm

_____

Temperaturerniedrigung fördert die _____ Reaktion, _____.

Temperaturerhöhung fördert die _____ Reaktion, _____.

c) Druckänderung (nur bei Reaktionen mit Gasen): Stickstoff + Wasserstoff $\rightleftharpoons$ Ammoniak

_____

Druckerhöhung fördert die Reaktion unter _____, also die Bildung von _____.

Druckabnahme fördert die Reaktion unter _____, also die _____.

3. Erläutere den Einfluss und die Wirkungsweise von Katalysatoren auf die Gleichgewichtslage.

_____

_____

Chemie heute S I

Duftstoffe, Aromastoffe und ihre Löslichkeit

Blütendüfte und insbesondere Rosenduft beschäftigt die Menschheit schon seit dem frühen Mittelalter. Diese Duftstoffe kann man aus dem entsprechenden Pflanzenmaterial gewinnen, dabei werden durch Wasserdampfdestillation die pflanzlichen Öle aus den Pflanzenzellen herausgelöst und anschließend schonend abdestilliert. Die Gewinnung von Duftstoffen erfolgt heutzutage besonders durch chemische Verfahren, dabei spielt die Veresterungsreaktion eine besondere Rolle.

1. **Methansäurebutylester** und **Propansäurepentylester** sind solche Duftstoffe.

a) Gib die Wortgleichungen und die Reaktionsgleichungen zur Bildung dieser beiden Ester an.

_____

_____

_____

_____

b) Recherchiere im Internet weitere Informationen zu den Duftnuancen dieser beiden Ester.

_____

2. Kurzkettige Ester-Moleküle sind geringfügig in Wasser löslich, langkettige Ester-Moleküle lösen sich nur in unpolaren Lösemittel.

a) Benenne das unten abgebildete Ester-Molekül und recherchiere weitere Informationen zu seiner Nutzung.

$$CH_3-CH_2 \overset{\overset{\displaystyle O}{\underset{\displaystyle \|}{C}}\diagup^{O}}{\diagup} \underset{}{O}-CH_2-CH_2-CH_2-CH_3$$

b) Begründe mithilfe der zwischenmolekularen Kräfte die unterschiedliche Löslichkeit von kurzkettigen und langkettigen Ester-Molekülen.

_____

_____

_____

Übersicht: organische Stoffe

Aus Erdgas und Erdöl können mit verschiedenen Verfahren der chemischen Industrie die wichtigsten organisch-chemischen Grundstoffe gewonnen werden.

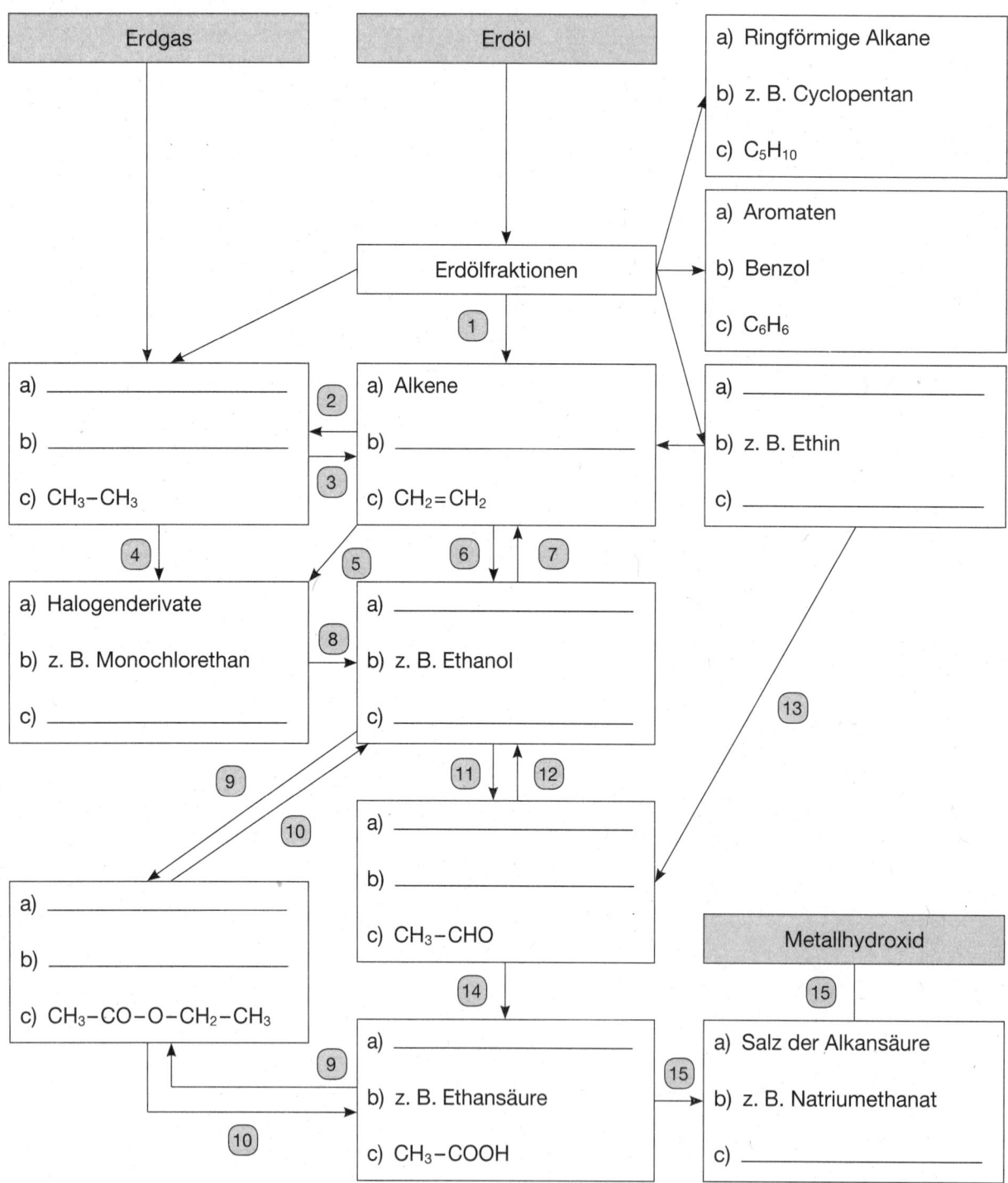

1. Ergänze unter a) die Stoffklassen, unter b) die Namen und unter c) die abgekürzten Strukturformeln der ausgewählten organischen Stoffe.

2. Gib für die Zahlen 1–15 die Reaktionsarten der chemischen Reaktionen an, die zur Umwandlung von einer Stoffklasse in eine andere führen.

Chemie heute S I

© 2015 Schroedel, Braunschweig

Von der Essigsäure zu den Estern

Ergänze die fehlenden Angaben zum Basiswissen.

Essigsäure (Ethansäure)

Eigenschaften:

Aggregatzustand bei 20 °C:

Dichte:

Schmelztemperatur:

Siedetemperatur:

Wasserlöslichkeit:

Charakter der Lösung:

elektrische Leitfähigkeit:

Geruch:

Organische Säuren

Die funktionelle Gruppe der Alkansäuren ist die

_____.

Die allgemeine Summenformel der Alkansäuren lautet:

Essigsäureethylester

Eigenschaften:

Aggregatzustand bei 20 °C:

Dichte:

Schmelztemperatur:

Siedetemperatur:

Wasserlöslichkeit:

Charakter der Lösung:

elektrische Leitfähigkeit:

Geruch:

Stoffmengenkonzentration

Als Stoffmengenkonzentration bezeichnet man die

_____

einer gelösten Substanz bezogen auf ein bestimmtes

_____.

Gleichung:

Chemisches Gleichgewicht

Im eingestellten chemischen Gleichgewicht ändern sich die Konzentrationen der

_____ und der

_____ nicht mehr.

Sie liegen in einem _____

Verhältnis vor.

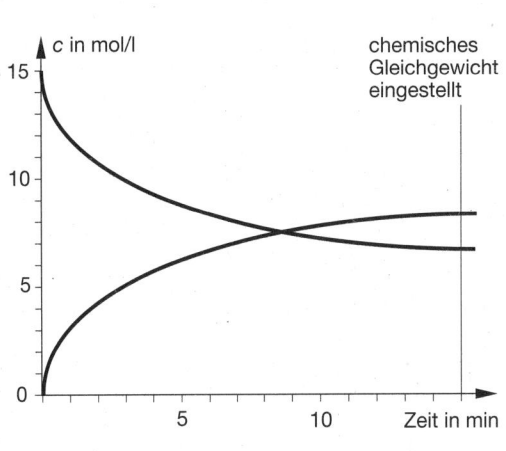

Kennzeichne Einstellzeit und Lage des chemischen Gleichgewichts.

Im chemischen Gleichgewicht ist die Geschwindigkeit der Bildung der Produkte

_____ der Geschwindigkeit

des Zerfalls der Produkte.

1. Erkläre den Begriff Speiseessig aus der Sicht des Chemikers.

2. Notiere die Summen- und Strukturformeln von Ethanol und Dimethylether. Berechne die Molekülmassen beider Stoffe und gib eine Erklärung für die um 101 °C niedrigere Siedetemperatur des Ethers (Dimethylether siedet bei −24 °C).

3. Erkläre und begründe die Mischbarkeit folgender Stoffe mit Wasser: Propanol, Aceton, Leichtbenzin, Cyclohexan und Hexandecanol.

4. Entwickle einen Plan nach dem folgende Stoffe unterschieden werden können:
   a) Wasser, Natriumhydroxidlösung, Methanol und Methanallösung.
   b) Methanallösung, Methansäure und Ethansäure.

5. Kommt man mit Ameisen in Berührung, geben diese ein Gift ab, das stechend riecht und ätzend wirkt. Nenne diesen Stoff, der im Gift der Ameisen enthalten ist.

6. Kaffeemaschinen und Tauchsieder sind in regelmäßigen Abständen von Kalkablagerungen zu befreien. Dazu kann Essig verwendet werden.
   a) Stelle die Reaktionsgleichung für die ablaufende Reaktion auf.
   b) Begründe die Notwendigkeit Kalkablagerungen von den Geräten zu entfernen.

7. Vergleiche die Siedetemperaturen von Methanol, Methanal und Methansäure und erkläre die Unterschiede.

8. Erkläre folgende experimentelle Beobachtungen:
   a) Ethansäure leitet den elektrischen Strom nicht. Bei Zugabe von Universalindikatorlösung wird die Farbe nicht verändert.
   b) Anschließend wird der Ester mit Wasser versetzt und leicht erwärmt. Danach kann eine elektrische Leitfähigkeit nachgewiesen werden und die Universalindikatorlösung wird schwach hellrot gefärbt.

9. Ölsäure entfärbt Bromwasser, Stearinsäure zeigt dagegen keine Reaktion. Erkläre diesen Sachverhalt ausgehend von der Struktur.

10. Lässt man Wein längere Zeit an der Luft stehen, wird er sauer. Erkläre die ablaufende chemische Reaktion und stelle die dazu gehörige Reaktionsgleichung auf.

11. **Schnelltest: Von der Essigsäure zu den Estern**
    Kreuze die jeweils richtigen Antworten an.
    a) Essigsäure ist eine
    A ☐ Alkansäure,
    B ☐ organische Säure,
    C ☐ Dicarbonsäure,
    D ☐ schwache Säure.

    b) Alkansäuren bilden eine homologe Reihe mit der allgemeinen Formel
    A ☐ C_nH_{2n+2},
    B ☐ $C_nH_{2n+1}COOH$,
    C ☐ $C_nH_{2n+2}COOH$,
    D ☐ $C_nH_{2n-1}COOH$.

    c) Die Zunahme der Siedetemperaturen in der homologen Reihe der Alkansäuren beruht auf der zunehmenden
    A ☐ Molekülmasse,
    B ☐ Polarität der Moleküle,
    C ☐ Anzahl der Isomeren,
    D ☐ Einfluss der funktionellen Gruppe.

    d) Die funktionelle Gruppe der Alkansäuren heißt:
    A ☐ Hydroxyl-Gruppe,
    B ☐ Aldehyd-Gruppe,
    C ☐ Carboxyl-Gruppe,
    D ☐ Carboxylat-Gruppe.

    e) Die Formel der Butansäure (Buttersäure) lautet
    A ☐ C_4H_9COOH,
    B ☐ C_3H_9COOH,
    C ☐ C_3H_7COOH,
    D ☐ C_3H_7CHO.

    f) Ethansäureethylester entsteht aus
    A ☐ Essigsäure (Ethansäure) und Methanol,
    B ☐ Essigsäure (Ethansäure) und Ethanol,
    C ☐ Essigsäure (Ethansäure) und Propanol,
    D ☐ Ethanal und Ethanol.

    g) Butansäureethylester
    A ☐ ist in Wasser gut löslich,
    B ☐ ist in Wasser nicht löslich,
    C ☐ besitzt einen unangenehmen Geruch,
    D ☐ besitzt einen fruchtartigen Geruch.

    h) Bei der Esterspaltung (Hydrolyse) von Propansäureethylester entstehen
    A ☐ Propansäure und Wasser,
    B ☐ Propansäure und Ethanol,
    C ☐ Ethansäure und Propanol,
    D ☐ Propanol und Wasser.

Chemie heute S I

Stoffe in unseren Lebensmitteln

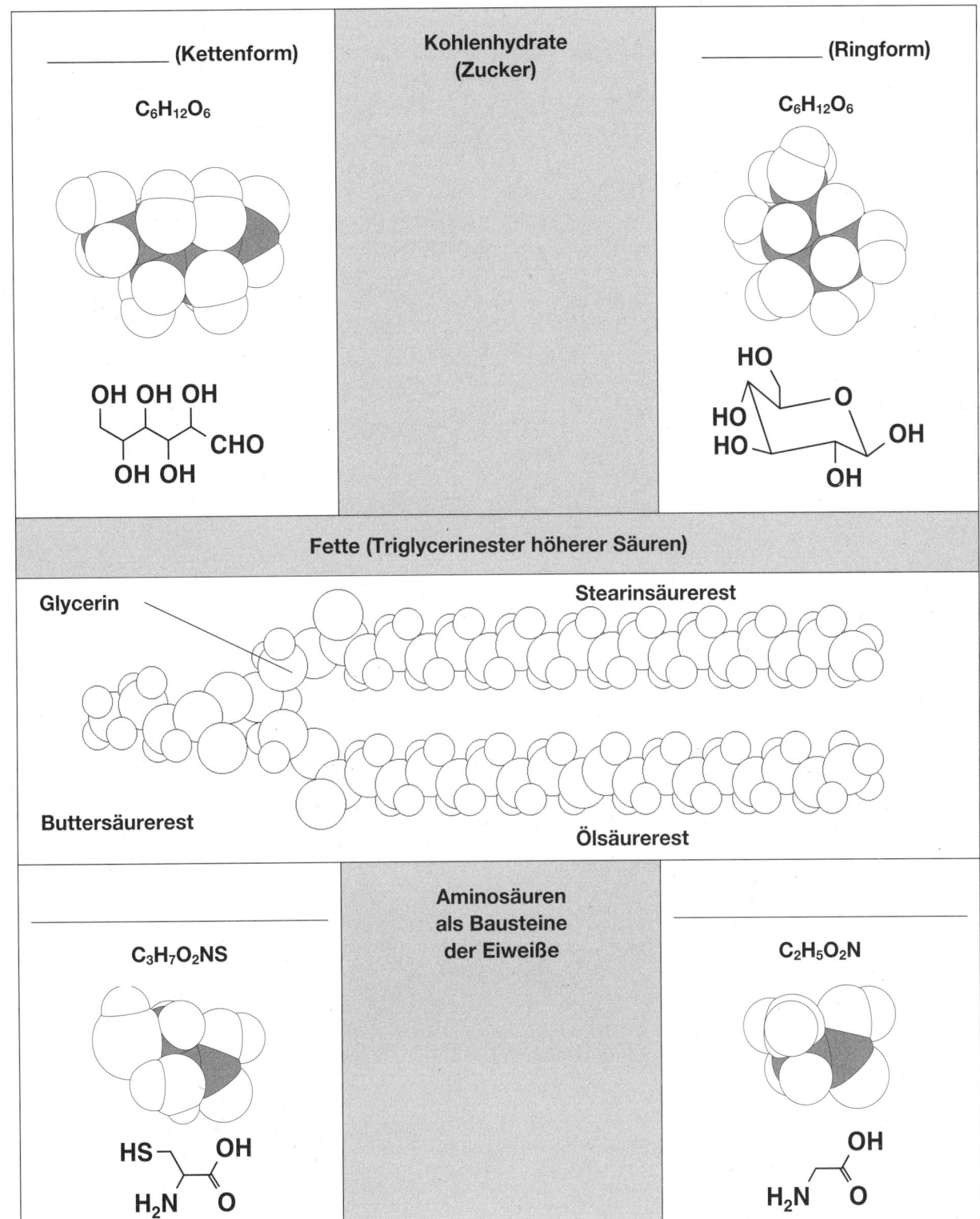

_____ (Kettenform)

Kohlenhydrate
(Zucker)

_____ (Ringform)

$C_6H_{12}O_6$

$C_6H_{12}O_6$

OH OH OH
CHO
OH OH

HO
HO
HO
O
OH
OH

Fette (Triglycerinester höherer Säuren)

Glycerin

Stearinsäurerest

Buttersäurerest

Ölsäurerest

Aminosäuren
als Bausteine
der Eiweiße

$C_3H_7O_2NS$

$C_2H_5O_2N$

HS
OH
H_2N
O

OH
H_2N
O

1. Ergänze die fehlenden Namen der auf dem Deckblatt dargestellten Stoffe.
2. Gestalte die Atome der Moleküle auf dem Deckblatt farbig: Sauerstoff *rot*, Wasserstoff *grau*, Schwefel *gelb* und Stickstoff *blau*.

Fette als natürliche Ester

Die in Fetten gebundenen Fettsäuren sind oft langkettig und enthalten stets eine gerade Anzahl von Kohlenstoff-Atomen.

1. Ordne die folgenden Fettsäuren den gesättigten und ungesättigten Säuren zu:
Linolensäure ($C_{17}H_{29}COOH$), Buttersäure (C_3H_7COOH), Palmitinsäure ($C_{15}H_{31}COOH$),
Ölsäure ($C_{17}H_{33}COOH$), Stearinsäure ($C_{17}H_{35}COOH$), Linolsäure ($C_{17}H_{31}COOH$).

Vorkommen	gesättigte Fettsäuren
z. B.: in Butter, Kokosfett und Schmalz	

Vorkommen	gesättigte Fettsäuren
z. B. in Leinöl, Margarine und Maiskeimlingen	

2. Erkläre den Nachweis von ungesättigten Fettsäuren.

_____

3. Zur Bildung eines Fettes werden drei Fettsäuren mit dem dreiwertigen Alkohol Glycerin verestert. Vervollständige die schematische Reaktionsgleichung der Fettsäureveresterung.

[ ] + [ ] $\longrightarrow$ [ ] + [ ]

$$H_2C-OH$$
$$HC-OH$$
$$H_2C-OH$$

$+$

$$HOOC-R_1$$
$$HOOC-R_2$$
$$HOOC-R_3$$

$\longrightarrow$

4. Gib den Reaktionstyp der Fettsäureveresterung an.

_____

5. Begründe, dass Fette keine konkrete Schmelztemperatur, sondern einen Schmelzbereich haben.

_____

_____

6. Nenne weitere Eigenschaften der Fette.

_____

_____

7. Ermittle, wo Fette und fette Öle vorkommen und verwendet werden.

_____

_____

Chemie heute S I

Omega-3-Fettsäuren

Tierische Fette enthalten viele gesättigte Fettsäuren, pflanzliche Fette dagegen einen hohen Anteil an ungesättigten Fettsäuren. In Pflanzenölen und Fischölen befindet sich eine besondere Gruppe ungesättigter Fettsäuren, die *Omega-3-Fettsäuren*. Diese Omega-3-Fettsäuren kann der menschliche Organismus nicht selbst synthetisieren, sie sind aber lebensnotwendig. Die Omega-3-Fettsäuren werden daher als *essenzielle Fettsäuren* bezeichnet.

1. Die Omega-3-Fettsäuren werden entgegen der üblichen Zählweise benannt. Man beginnt nicht bei der funktionellen Carboxyl-Gruppe sondern beim letzten Kohlenstoff-Atom der Kohlenwasserstoffkette. Diesem *Omega-Kohlenstoff-Atom* wird die Ziffer **1** zugeordnet und dann bis zur ersten Doppelbindung gezählt, die bei Omega-3 immer am dritten C-Atom ist. *Beispiel:* Linolensäure

Omega

| 1 | 2 | 3 | 4 | 5 | 6 | 7 | 8 | 9 | ... | ... | ... |

$CH_3-CH_2-CH=CH-CH_2-CH=CH-CH_2-CH=CH-CH_2-CH_2-CH_2-CH_2-CH_2-CH_2-CH_2-COOH$

a) Recherchiere das Vorkommen der Linolensäure in Nahrungsquellen und gib die Strukturbesonderheiten an.

_____

_____

b) Erläutere die Bedeutung des Vorhandenseins von Omega-3-Fettsäuren in unserer Nahrung.

_____

_____

_____

2. Seefische (z.B. Makrele, Lachs, Hering, Thunfisch, Sardine und Dorsch) enthalten einen hohen Anteil an Omega-3-Fettsäuren, unter anderem Eicosapentaensäure (mit 20 C-Atomen und 5 Doppelbindungen an den Kohlenstoff-Atomen in den Omega-Positionen 3, 6, 9, 12 und 15) und Docosapentaensäure (mit 22 C-Atomen und 5 Doppelbindungen an den Kohlenstoff-Atomen in den Omega-Positionen 3, 7, 10, 14 und 18).

a) Entwickle für beide die vereinfachte Strukturformel:

_____

_____

b) Bewerte deine Ernährungsweise hinsichtlich der ausreichenden Versorgung mit Omega-3-Fettsäuren. Nutze dazu einen protokollierten Speiseplan von dir über mindestens zwei Wochen. Arbeite im Hefter.

| **Eigenschaften von Fetten und fetten Ölen**

Versuch 1: Fettfleckprobe

Materialien: Uhrgläser, Tropfpipetten, Spatel, vier Streifen weißes Papier;
Pflanzenöl, Wasser, Ethanol (**2**), Schweineschmalz.

Durchführung:
1. Gib auf die weißen Papierstreifen jeweils 2–3 Tropfen Pflanzenöl, Wasser und Ethanol und mit dem Spatel etwas Schweineschmalz.
2. Zerdrücke den Schmalz zwischen dem Papier und lasse kurz antrocknen.
3. Halte das Papier gegen das Licht.

Auswertung:
a) Vergleiche die Öl- und Fettflecke mit denen von Wasser und Ethanol.
b) Begründe die Beobachtungen.

Versuch 2: Untersuchung der Löslichkeit von Speiseöl

Materialien: 2 Reagenzgläser, Stopfen;
Pflanzenöl, Wasser, Ethanol (**2**).

Durchführung:
1. Gib in beide Reagenzgläser jeweils 1 ml Pflanzenöl.
2. In das erste Reagenzglas 3 ml Wasser und in das zweite 3 ml Ethanol.
3. Verschließe beide Reagenzgläser mit den Stopfen und schüttle kräftig.

Auswertung:
a) Notiere die Beobachtungen.
b) Interpretiere die Beobachtungsergebnisse.

Versuch 3: Nachweis von ungesättigten Fettsäuren in Fetten

Materialien: Reagenzglas, Tropfpipette;
Olivenöl, Heptan (**2**, **7**, **8**, **9**), Baeyer-Reagenz (alkalische Kaliumpermanganatlösung) (**7**).

Durchführung:
1. Löse 1 ml Olivenöl in 5 ml Heptan.
2. Tropfe zur Lösung Baeyer-Reagenz und schüttle nach jeder Tropfen Zugabe.
3. Notiere die Beobachtungen.

Auswertung:
a) Erkläre die Beobachtung.
b) Interpretiere die Beobachtungen.

Chemie heute S I

Struktur des Glucose-Moleküls

a) Fischer-Struktur

Nach einem Strukturvorschlag von FISCHER aus dem Jahre 1888 liegt das Glucose-Molekül als offene Kettenform vor. In Lösungen liegen Glucose-Moleküle jedoch nicht in der offenen Kettenform vor, sondern vorwiegend in der Ringform.

Kettenform   Ringform

b) Haworth-Struktur

Um die räumliche Struktur des Glucose-Moleküls besser zu veranschaulichen, hat HAWORTH für die Ringform die nebenstehende Darstellung vorgeschlagen.

Kurzschreibweise

1. a) Gib die funktionellen Gruppen des Glucose-Moleküls in der offenen Kettenform mit den zu erwartenden typischen chemischen Reaktionen an.

_____

_____

b) Beschreibe den Übergang von der offenen Kettenform zur Ringform der Fischer-Struktur.

_____

_____

_____

2. Erkläre, durch welche Nachweisreaktionen man die Aldehyd-Gruppe in der Glucose von der in den Alkanalen unterscheiden kann.

_____

_____

3. Erläutere, wie man von der Darstellung nach FISCHER zur Haworth-Struktur kommt.

_____

_____

_____

_____

Monosaccharide – Disaccharide – Polysaccharide

Monosaccharide

Schreibe die Summenformel auf:

_____

Glucose

Schreibe die Summenformel auf:

_____

Fructose

1. Erkläre den Begriff Isomerie am Beispiel von Glucose und Fructose.

Disaccharide

Monosaccharid	Verknüpfung	Monosaccharid	reduzierend
			ja/nein
Maltose			

Monosaccharid	Verknüpfung	Monosaccharid	reduzierend
			ja/nein
Saccharose			

2. Ergänze die Übersicht über die Disaccharide.

3. Stelle in deinem Hefter unter Verwendung der Summenformeln die Reaktionsgleichungen für die Bildung beider Disaccharide auf. Begründe die vorliegende Reaktionsart.

Name:

Grundbaustein:

Verknüpfung:

Name:

Grundbaustein:

Verknüpfung

4. Ergänze die Übersicht über die Polysaccharide.

5. Erläutere die völlig verschiedenen Eigenschaften von Stärke und Cellulose, obwohl ihre Grundbausteine identisch sind.

Chemie heute S I

Prüfung von Nahrungsmitteln auf Glucose und Stärke

Versuch: Verschiedene Nahrungsmittel werden auf Glucose und Stärke geprüft.

Materialien: Gasbrenner, Reagenzglashalter, Tüpfelplatte, Spatel;
Fehling-Lösung I (**9**), Fehling-Lösung II (**5**), Lugolsche Lösung, Natriumhydroxidlösung (verd., **5**), Nahrungs-mittel.

Durchführung: Prüfe die gegebenen Stoffproben auf Glucose und Stärke. Führe die Prüfung von Stärke auf der Tüpfelplatte aus.

Auswertung:

a) Trage die Ergebnisse der Untersuchung in die Tabelle ein.

Stoffprobe	Prüfung mit		Schlussfolgerung
	Lugolscher Lösung	Fehling-Lösung	
Apfel			
Kartoffel			
Traubenzucker			
Haushaltszucker			
Zitronensaft			
Reis			
Rosinen			
Mehl			

b) Begründe das Versuchsergebnis für Haushaltszucker.

_____

_____

_____

c) Beim Glucosenachweis wird die reduzierende Wirkung der Aldehyd-Gruppe ausgenutzt. Erkläre die Bildung der neuen funktionellen Gruppe. Vervollständige die Reaktionsgleichung.

_____

$$\overset{+I}{R-CHO} \quad + \quad 2\,OH^- \quad \longrightarrow \quad \overset{+III}{R-COOH} \quad + \quad 2\,e^- \quad +$$

aus der Fehling-
Lösung II

Nachweis und Abbau von Stärke

Versuch: Nachweis von Stärke

Materialien: Gasbrenner, Dreifuß, Drahtnetz, Becherglas (250 ml), 6 Reagenzgläser, Reagenzglasständer, Reagenzglashalter, Spatel;
Stärke, Lugolsche Lösung, Fehling-Lösung I (**9**), Fehling-Lösung II (**5**), Universalindikator, Salzsäure (verd.), Natriumhydroxidlösung (verd., **5**), Enzym: Amylase oder Diastase.

Durchführung:

1. Gib zwei Spatelspitzen mit Stärke in 10 ml kaltes Wasser, schüttle und teile die Aufschlämmung gleichmäßig auf vier Reagenzgläser auf.
2. Prüfe die Stärke-Aufschlämmung in Glas 1 mit zwei Tropfen Lugolscher Lösung und im Glas 2 mit Fehling-Lösung I und II (je fünf Tropfen). Notiere die Beobachtung.
3. Gib zur Stärke-Aufschlämmung im Glas 3 eine Spatelspitze des Enzyms (oder auch Mundspeichel) und 2 ml Salzsäure zum Glas 4. Erwärme beide Reagenzgläser im Wasserbad so lange, bis eine klare Lösung entstanden ist.
4. Neutralisiere die Proben in den Reagenzgläsern 3 und 4 mit Natriumhydroxidlösung. Teile die Probe von 3 auf zwei Reagenzgläser auf und prüfe sie wie unter 2. mit Lugolscher Lösung bzw. Fehling-Lösung I und II. Verfahre danach mit der Probe von Glas 4 ebenso und notiere die Beobachtungen.

Auswertung:

a) Fülle die Tabelle aus.

RG	Prüfung mit	Beobachtung	Schlussfolgerung
1	Iodlösung		
2	Fehling-Lösung		
3 I	Iodlösung		
3 II	Fehling-Lösung		
4 I	Iodlösung		
4 II	Fehling-Lösung		

b) Stelle unter Verwendung von Summenformeln eine Reaktionsgleichung für den Abbau von Stärke zu Glucose auf. Erkläre die Identifikation des gebildeten Reaktionsproduktes.

c) Beschreibe die Wirkung der Enzyme.

Chemie heute S I

Ergänze den Lückentext mit folgenden Begriffen:
Enzym, Stärke, Saccharose, Cellulose, Abbau, zerkleinert, neutralisiert, Abbau, Amylase, Schlüssel-Schloss-Prinzip, spaltet, Glucose, Monosaccharide, Abbau, Ballaststoffe, Maltase, Energieträger.

Wir verzehren mit unserer Nahrung Kohlenhydrate vor allem in Form

von _____, _____, _____, aber auch Glucose und

Fructose. Im Gegensatz zu Pflanzen fressenden Tieren kann der

Mensch keine Cellulose verdauen. Diese unverdaulichen Nahrungs-

mittelbestandteile werden als _____ bezeichnet.

Der _____ der Kohlenhydrate beginnt bereits im Mund. Durch

das Kauen wird die Nahrung _____ und eingespeichelt. Im

Mundspeichel befindet sich das für die Kohlenhydratverdauung wich-

tige _____ α-Amylase. Die α-Amylase _____ Stärke in

kleinere Bruchstücke. Durch den spezifisch räumlichen Bau des En-

zyms passen nur bestimmte Moleküle (Substrate) zu einem Enzym-

Molekül, man spricht vom _____. Enzym und

der zu spaltende Stoff (Substrat) müssen immer genau zusammenpas-

sen. Durch die Speiseröhre gelangt der zerkleinerte und stark einge-

speichelte Nahrungsbrei in den Magen. Solange er vom stark sauren

Magensaft noch nicht durchtränkt ist, läuft die im Mund begonnene

Spaltung der Kohlenhydrate weiter.

Im Zwölffingerdarm _____ der Bauchspeicheldrüsensaft

den sauren Nahrungsbrei. Die ebenfalls in der Bauchspeicheldrüse ge-

bildete _____ spaltet die Kohlenhydratketten weiter auf zu

Maltose- und dann zu _____-Einheiten.

Im Dünndarm wird noch der Milchzucker (Lactose) gespalten und die

Kohlenhydrat-Grundbausteine, die _____, resor-

biert. Diese werden dann über das Pfortadersystem zur Leber trans-

portiert. Von dort gelangen sie als _____ in die verschiede-

nen Körperzellen. Hier findet _____ statt. Dabei entstehen

Kohlenstoffdioxid, Wasser und Energie.

Chemie heute S I

© 2015 Schroedel, Braunschweig

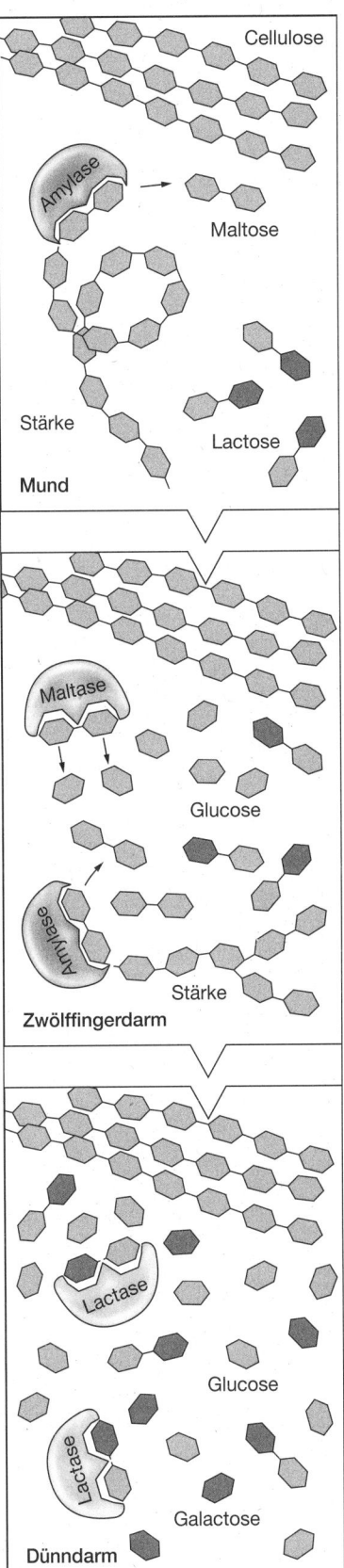

Schrittweise Verdauung der Kohlenhydrate

Kohlenhydrate im Überblick

1. Ergänze die folgende Tabelle.

wissenschaftlicher Name	Name im Handel	Summenformel	Monosaccharid-baustein	Vorkommen
	Traubenzucker		–	
Fructose			–	
			Glucose und Fructose	
				in keimender Gerste
	–	$(C_6H_{10}O_5)_n$		Mais, Reis
Cellulose	–			

2. Ordne folgende Begriffe in die Übersicht ein: Cellulose, Disaccharide, Fructose, Glucose, Kohlenhydrate, Maltose, Monosaccharide, Polysaccharide, Saccharose, Stärke.

```
        ┌──────────────────┐
        └──────────────────┘
    ┌────────┐   ┌────────┐   ┌────────┐
    └────────┘   └────────┘   └────────┘

  Beispiele:    Beispiele:    Beispiele:
```

3. Der Abbau der Stärke kann durch folgende schematische Darstellung vereinfacht erklärt werden.

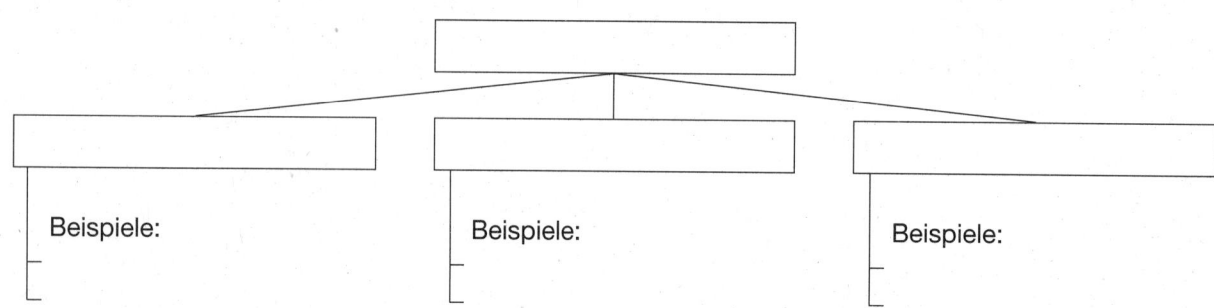

a) Stelle die Wortgleichungen auf.

_____

_____

b) Nenne die Reaktionsarten für den Abbau der Stärke zu Glucose sowie die Umkehrung der Reaktion.

_____

_____

Chemie heute S I

Chemie heute S I

Glycin

$$H-\overset{\overset{+}{N}H_3}{\underset{COO^-}{C}}-H$$

Alanin

$$CH_3-\overset{\overset{+}{N}H_3}{\underset{COO^-}{C}}-H$$

Valin

$$\overset{CH_3}{\underset{CH_3}{CH}}-\overset{\overset{+}{N}H_3}{\underset{COO^-}{C}}-H$$

Leucin

$$\overset{CH_3}{\underset{CH_3}{CH}}-CH_2-\overset{\overset{+}{N}H_3}{\underset{COO^-}{C}}-H$$

Phenylalanin

$$HC\overset{\overset{H}{C}=\overset{H}{C}}{\underset{\underset{H}{C}=\underset{H}{C}}{}}C-CH_2-\overset{\overset{+}{N}H_3}{\underset{COO^-}{C}}-H$$

Tyrosin

$$HO-C\overset{\overset{H}{C}=\overset{H}{C}}{\underset{\underset{H}{C}=\underset{H}{C}}{}}C-CH_2-\overset{\overset{+}{N}H_3}{\underset{COO^-}{C}}-H$$

Tryptophan

$$HC\overset{\overset{H}{C}}{\underset{HC}{}}\overset{C-CH_2-\overset{\overset{+}{N}H_3}{\underset{COO^-}{C}}-H}{\underset{\underset{H}{N}}{CH}}$$

Methionin

$$CH_3-S-CH_2-CH_2-\overset{\overset{+}{N}H_3}{\underset{COO^-}{C}}-H$$

Isoleucin

$$CH_3-CH_2-\overset{CH_3}{CH}-\overset{\overset{+}{N}H_3}{\underset{COO^-}{C}}-H$$

Cystein

$$HS-CH_2-\overset{\overset{+}{N}H_3}{\underset{COO^-}{C}}-H$$

Prolin

$$H_2C\overset{\overset{H_2}{C}-\overset{+}{N}H_3}{\underset{\underset{H_2}{C}-\overset{}{C}-H}{}}\underset{COO^-}{}$$

Asparaginsäure

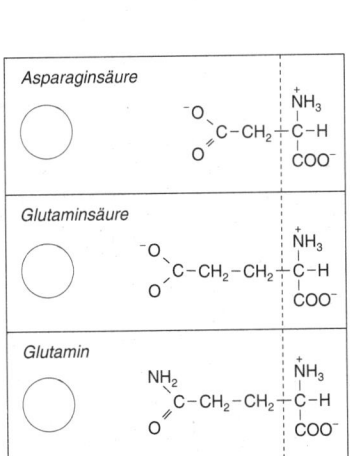

$$\overset{-O}{\underset{O}{C}}-CH_2-\overset{\overset{+}{N}H_3}{\underset{COO^-}{C}}-H$$

Glutaminsäure

$$\overset{-O}{\underset{O}{C}}-CH_2-CH_2-\overset{\overset{+}{N}H_3}{\underset{COO^-}{C}}-H$$

Glutamin

$$\overset{NH_2}{\underset{O}{C}}-CH_2-CH_2-\overset{\overset{+}{N}H_3}{\underset{COO^-}{C}}-H$$

Lysin

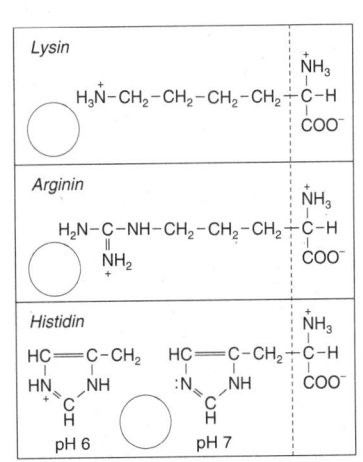

$$H_3\overset{+}{N}-CH_2-CH_2-CH_2-CH_2-\overset{\overset{+}{N}H_3}{\underset{COO^-}{C}}-H$$

Arginin

$$H_2N-\overset{C}{\underset{\overset{+}{N}H_2}{}}-NH-CH_2-CH_2-CH_2-\overset{\overset{+}{N}H_3}{\underset{COO^-}{C}}-H$$

Histidin

$$HC=\overset{C-CH_2}{}\quad HC=\overset{C-CH_2-\overset{\overset{+}{N}H_3}{\underset{COO^-}{C}}-H}{}$$
$$HN\quad NH\qquad :N\quad NH$$
$$\overset{C}{\underset{H}{}}\qquad\qquad\overset{C}{\underset{H}{}}$$

pH 6   pH 7

Serin

$$HO-CH_2-\overset{\overset{+}{N}H_3}{\underset{COO^-}{C}}-H$$

Threonin

$$\overset{H_3C}{\underset{HO}{CH}}-\overset{\overset{+}{N}H_3}{\underset{COO^-}{C}}-H$$

Asparagin

$$\overset{NH_2}{\underset{O}{C}}-CH_2-\overset{\overset{+}{N}H_3}{\underset{COO^-}{C}}-H$$

1. Stelle aus dem Vergleich der Strukturformeln eine allgemeine Formel für Aminosäuren auf und trage diese in das Arbeitsblatt ein.

2. Aminosäuren unterscheiden sich in der Struktur ihrer Seitenketten (in der Abbildung jeweils links der gestrichelten Linie).
Markiere in den Kreisen unter dem Namen die neutralen Aminosäuren mit unpolaren Seiten *grün*, die mit polaren Seitenketten *gelb* sowie die Aminosäuren mit sauren Seitenketten *rot* bzw. die mit basischen Seitenketten *blau*.
Begründe die getroffenen Entscheidungen in deinem Hefter.

© 2015 Schroedel, Braunschweig

Aminosäuren und Peptidbindungen

1. Glycin (Gly) ist Aminoethansäure. Alanin (Ala) ist 2-Aminopropansäure.
Stelle die Strukturformel beider Aminosäuren auf und entwickle daraus die Reaktionsgleichung für die Bildung eines Dipeptides aus diesen Aminosäuren.

2. Beschreibe die Bildung der Peptidbindung, erkläre die Abspaltung des Wassers und benenne die ablaufende Reaktionsart.

3. Vergleiche die drei Aminosäuren hinsichtlich der auftretenden funktionellen Gruppen und der Reaktion in wässriger Lösung.

Strukturformel	$HO-CH_2-CH-COOH$ $\quad\quad\quad\quad NH_2$	$CH_2-(CH_2)_3-CH-COOH$ $NH_2 \quad\quad\quad\quad NH_2$	$CH_2-CH_2-CH-COOH$ $COOH \quad\quad NH_2$
Trivialname	Serin	Lysin	Glutaminsäure
wissenschaftlicher Name			
funktionelle Gruppen			
Färbung von Universalindikatorpapier			
Reaktion in Wasser			

4. Benenne die Aminosäuren, die am Aufbau dieses Tripeptids beteiligt sind. Kennzeichne die Peptidbindungen farbig.

$$H_2N-CH-CO-NH-CH_2-CO-NH-CH-COOH$$
$$\quad\quad CH_3 \quad\quad\quad\quad\quad\quad\quad\quad\quad\quad HO-CH_2$$

Chemie heute S I

Verdauung der Eiweißstoffe beim Menschen

Ergänze den Lückentext mit folgenden Begriffen:
Salzsäure, Denaturierung, Enzym, körpereigene, Aminosäuren, Erepsin, Trypsin, Zellen, kurzkettige, Eiweiß spaltenden, neutralisiert.

Eiweißstoffe müssen vollständig bis in die kleinsten Bausteine gespalten werden, da größere Bruchstücke im Blut zu Abwehrreaktionen führen. Aus diesen Grundbausteinen, den _____, baut der Körper wieder _____ Eiweißverbindungen auf. Die Verdauung der Eiweißstoffe beginnt im Magen.

Die im Magensaft enthaltene _____ wirkt keimtötend und denaturiert die Eiweißverbindungen. Bei der _____ werden die Eiweißmoleküle entknäuelt und dadurch für das Eiweiß spaltende _____ Pepsin leichter angreifbar. Die Pepsine spalten die langkettigen Eiweißmoleküle in _____ Bruchstücke mit mehreren Aminosäuren, in Peptide.

Durch den Bauchspeicheldrüsensaft wird der Nahrungsbrei _____. So können im Dünndarm die _____ Enzyme aktiv werden, die einen leicht alkalischen pH-Wert benötigen, um die Bruchstücke in die einzelnen Aminosäuren aufzuspalten. Im Zwölffingerdarm spalten die Enzyme der Bauchspeicheldrüse, vor allen Dingen _____ und _____, die Peptidketten stufenweise bis zu den Aminosäuren. Diese werden über die Darmwand aufgenommen und über die Pfortader zur Leber transportiert. Von dort gelangen die Aminosäuren über die Blutbahn in die _____, wo sie zu _____ Eiweißstoffen aufgebaut werden.

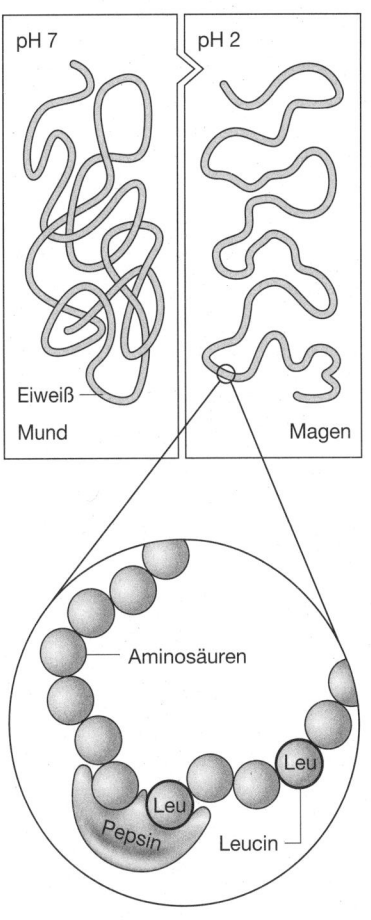

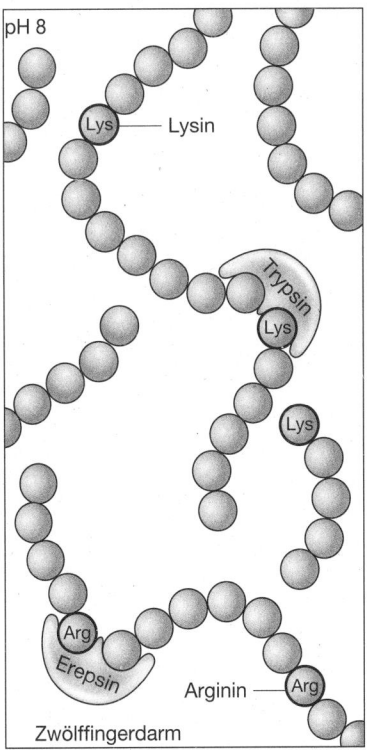

Einige Schritte bei der Eiweißverdauung

Proteine – eine haarige Sache

Der Grundbaustein des Proteins im Haar ist eine Proteinkette, die zu einer rechts gängigen Schraube auf-
gedreht ist. Sie wird als α-Helix bezeichnet. Aus dieser Helix werden zunehmend komplexere Strukturen
bis hin zum vollständigen Haar aufgebaut.

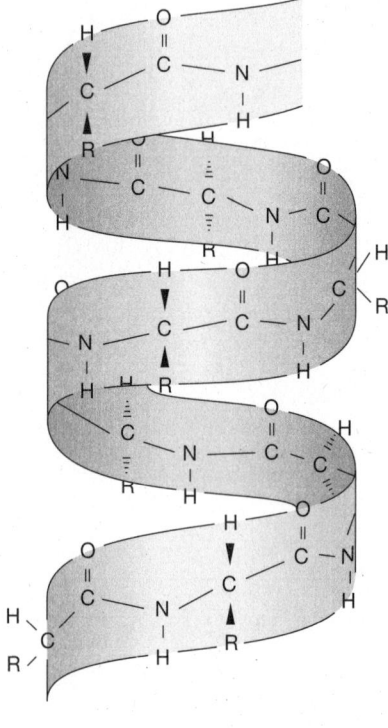

1. Die räumliche Struktur der α-Helix wird durch Wasserstoffbrückenbindungen stabilisiert. Zeichne Wasserstoffbrückenbindungen in die Abbildung ein und erkläre ihre Entstehung.

_____

_____

_____

_____

2. Erkläre die relative Dehnbarkeit und Elastizität von Haaren.

_____

_____

_____

_____

_____

3. Erläutere den grundsätzlichen Unterschied zwischen Disulfidbrücken und Wasserstoffbrückenbindungen.

_____

_____

_____

4. Vergleiche die Begriffe: Polypeptid und Protein.

_____

_____

_____

Chemie heute S I

Experimentelle Untersuchung eines Lebensmittels

Reis ist die wichtigste Getreidepflanze der Tropen und Subtropen und stellt für etwa die Hälfte der Erdbevölkerung das Hauptnahrungsmittel dar. In Europa wird Reis als Bestandteil einer gesunden Ernährung immer beliebter. Vor allem Ausdauersportler konsumieren neben Eierteigwaren große Mengen dieses Nahrungsmittels.

Versuch: Nährstoffnachweise im Reis

Materialien: Gasbrenner, Dreifuß mit Drahtnetz, Wasserbad, Reagenzgläser;
Fehling-Lösung I, (**9**) Fehling-Lösung II (**5**), Silbernitratlösung (1 %; **7**), Ammoniaklösung (verd.; **5**), Kaliumiodidlösung, Salpetersäure (konz.; **5**, **7**), Reis.

Durchführung:
Fehling-Probe:
1. Mische in einem Reagenzglas gleiche Volumina Fehling-Lösung I und II und gib einige Reiskörner dazu.
2. Erhitze die Probe im siedenden Wasserbad.

Tollens-Probe:
1. In einem Reagenzglas wird Silbernitratlösung so lange mit Ammoniaklösung versetzt, bis sich der gebildete Niederschlag wieder auflöst.
2. Gib einige Reiskörner zu der Lösung und erhitze die Probe im siedenden Wasserbad.

Iod-Stärke-Reaktion:
1. Fülle ein Reagenzglas zu einem Drittel mit Wasser und gib einige Reiskörner zu. Koche kurz auf.
2. Gib nach dem Abkühlen einige Tropfen Kaliumiodidlösung zu.

Eiweiß-Reaktion:
1. Gib in ein Reagenzglas einige Reiskörner.
2. Versetze mit einigen Tropfen konzentrierter Salpetersäure.

Auswertung:
a) Notiere die Beobachtungen.

_____

_____

_____

b) Nenne die Nährstoffe, die im Reis enthalten sind.

_____

c) Begründe, weshalb Reis bei Ausdauersportlern sehr beliebt ist.

_____

_____

1. Viele Lebensmittel enthalten Zusatzstoffe. Nenne die Aufgabe, die diese Substanzen haben.

_____

_____

2. Lebensmittelzusatzstoffe werden nach ihren Funktionen in verschiedene Klassen eingeteilt. Erläutere die Funktionen der einzelnen Klassen, gib jeweils ein Beispiel und dessen E-Nummer an.

Farbstoffe:

_____

_____

_____

Konservierungsstoffe:

_____

_____

_____

Säuerungsmittel:

_____

_____

_____

Antioxidationsmittel:

_____

_____

_____

Emulgatoren:

_____

_____

_____

Chemie heute S I

Stoffe in unseren Lebensmitteln

Ergänze die fehlenden Angaben zum Basiswissen.

Kohlenhydrate

Grundbausteine:
Summenformel (Glucose):
Strukturformel (Glucose):

Einteilung der Kohlenhydrate:

_____

_____

_____

Nachweis von Glucose:

_____

Nachweis von Stärke:

_____

Eiweiße (Proteine)

Grundbausteine:

allgemeiner Aufbau

einer Aminosäure

Einteilung der Peptide:

_____

_____

_____

Nachweis:

Fette

Grundbausteine:
Einteilung der Fettsäuren:

_____

_____

Nachweis:

Kondensation und Hydrolyse

Kohlen-hydrate

Glucose $\quad + \quad$ Fructose $\quad \rightleftharpoons$

$C_6H_{12}O_6 \quad + \quad C_6H_{12}O_6 \quad \rightleftharpoons$

Eiweiße

Aminosäure $\quad + \quad$ Aminosäure $\quad \rightleftharpoons$

2 $H_2N-CH-COOH \quad \rightleftharpoons$
$\qquad\quad |$
$\qquad\quad R$

Fette

Glycerin $\quad + \quad$ Fettsäure $\quad \rightleftharpoons$

$H_2C-OH \quad +$
$\quad |$
$HC-OH \qquad\quad 3\ R-COOH$
$\quad |$
$H_2C-OH \qquad\qquad\qquad \rightleftharpoons$

Chemie heute S I

© 2015 Schroedel, Braunschweig

1. Vergleiche das Verhältnis der Kohlenstoff-, Wasserstoff- und Sauerstoff-Atome in Glucose, Maltose und Stärke. Stelle eine für alle Kohlenhydrate gültige Verhältnisformel auf.

2. Begründe, weshalb für Stärke und Cellulose die gleiche zusammengefasste Summenformel angegeben werden kann.

3. Vergleiche Glucose und Stärke nach folgenden Gesichtspunkten: molare Masse, Struktur, Wasserlöslichkeit und Verwendung.

4. Berechne die Masse an reinem Ethanol, die aus 10 kg Glucose bei vollständigem Stoffumsatz hergestellt werden könnte. ($m = 5,11$ kg)

5. Berechne die Masse an Glucose, die für die Herstellung von 10 Litern reinem Ethanol mindestens benötigt wird. ($m = 15,46$ kg)

6. 20 g Glucose werden vollständig zu Kohlenstoffdioxid und Wasser oxidiert. Berechne das dafür benötigte Volumen an Sauerstoff unter Normbedingungen. ($V = 14,9$ l)

7. Begründe die bei der Bildung von Peptidbindungen auftretende Reaktionsart.

8. Formuliere die Reaktionsgleichung für die Bildung von zwei verschiedenen Tetrapeptiden aus je zwei Molekülen Glycin (Aminoessigsäure) und Alanin (2-Aminopropansäure).

9. Beim Aufbau eines Tripeptids aus zwei verschiedenen Aminosäuren gibt es $2^3 = 8$ Möglichkeiten.

   a) Berechne die Anzahl der Kombinationsmöglichkeiten für den Aufbau eines Tetrapeptids, wenn drei verschiedene Aminosäuren zur Verfügung stehen. (81)

   b) Wie viele verschiedene Peptide mit zehn Aminosäureresten können aufgebaut werden, wenn ebenfalls drei verschiedene Aminosäuren zur Verfügung stehen? (59049 Möglichkeiten)

10. Alanin reagiert mit 10 g Glycin. Berechne die Masse des entstehenden Dipeptids bei 80 %igem Stoffumsatz. ($m = 15,6$ g)

11. Erkläre, dass man die Bezeichnung „Öl" im Sprachgebrauch vermeiden sollte und dafür besser von fetten Ölen oder Mineralölen sprechen sollte.

12. Beschreibe den Nachweis von Glucose, Stärke und Eiweißstoffen. Gib die verwendeten Nachweismittel und die zu erwartenden Beobachtungen an.

13. **Schnelltest: Zusammensetzung unserer Lebensmittel**
    Kreuze jeweils die richtigen Antworten an.

    a) Fette sind Ester aus
       A ❏ Alkanolen und Alkansäuren,
       B ❏ Glycerin und ungesättigten Fettsäuren,
       C ❏ Glycerin und gesättigten Fettsäuren,
       D ❏ Ethanol und gesättigten Fettsäuren.

    b) Fette mit ungesättigten Fettsäureresten
       A ❏ kommen meist in tierischen Fetten vor,
       B ❏ kommen meist in Pflanzenölen vor,
       C ❏ sind lebensnotwendig,
       D ❏ sind weniger wertvoll.

    c) Fette sind bei der Ernährung vorwiegend
       A ❏ Wirkstoffe (Mineralstoffe, Vitamine),
       B ❏ Ballaststoffe,
       C ❏ Energielieferanten,
       D ❏ Würzmittel.

    d) Ölsäure ist eine
       A ❏ gesättigte Fettsäure,
       B ❏ einfach ungesättigte Fettsäure,
       C ❏ mehrfach ungesättigte Fettsäure.

    e) Glucose (Traubenzucker)
       A ❏ gehört zu den Kohlenhydraten,
       B ❏ ist ein Monosaccharid,
       C ❏ ist ein Polysaccharid,
       D ❏ besitzt reduzierende Wirkung.

    f) Stärke ist
       A ❏ für die Ernährung das wichtigste Kohlenhydrat,
       B ❏ ist vorwiegend aus Amylose aufgebaut,
       C ❏ ist in Kartoffeln und Getreideprodukten enthalten.

    g) Eiweiße sind
       A ❏ aus Aminosäure-Molekülen entstanden,
       B ❏ durch Denaturierung entstanden,
       C ❏ Proteine,
       D ❏ Baustoffe für unseren Körper.

    h) Eiweiße werden durch
       A ❏ Hitze zerstört,
       B ❏ Fehling-Lösung nachgewiesen,
       C ❏ die Biuret-Reaktion nachgewiesen,
       D ❏ Sulfat-Ionen nachgewiesen.

    i) Zusatzstoffe für Lebensmittel
       A ❏ haben keinen Einfluss auf deren Eigenschaften,
       B ❏ sollen deren Eigenschaften verändern,
       C ❏ können Konservierungsmittel sein.

Chemie heute S I

© 2015 Schroedel, Braunschweig

Den Stoffen analytisch auf der Spur

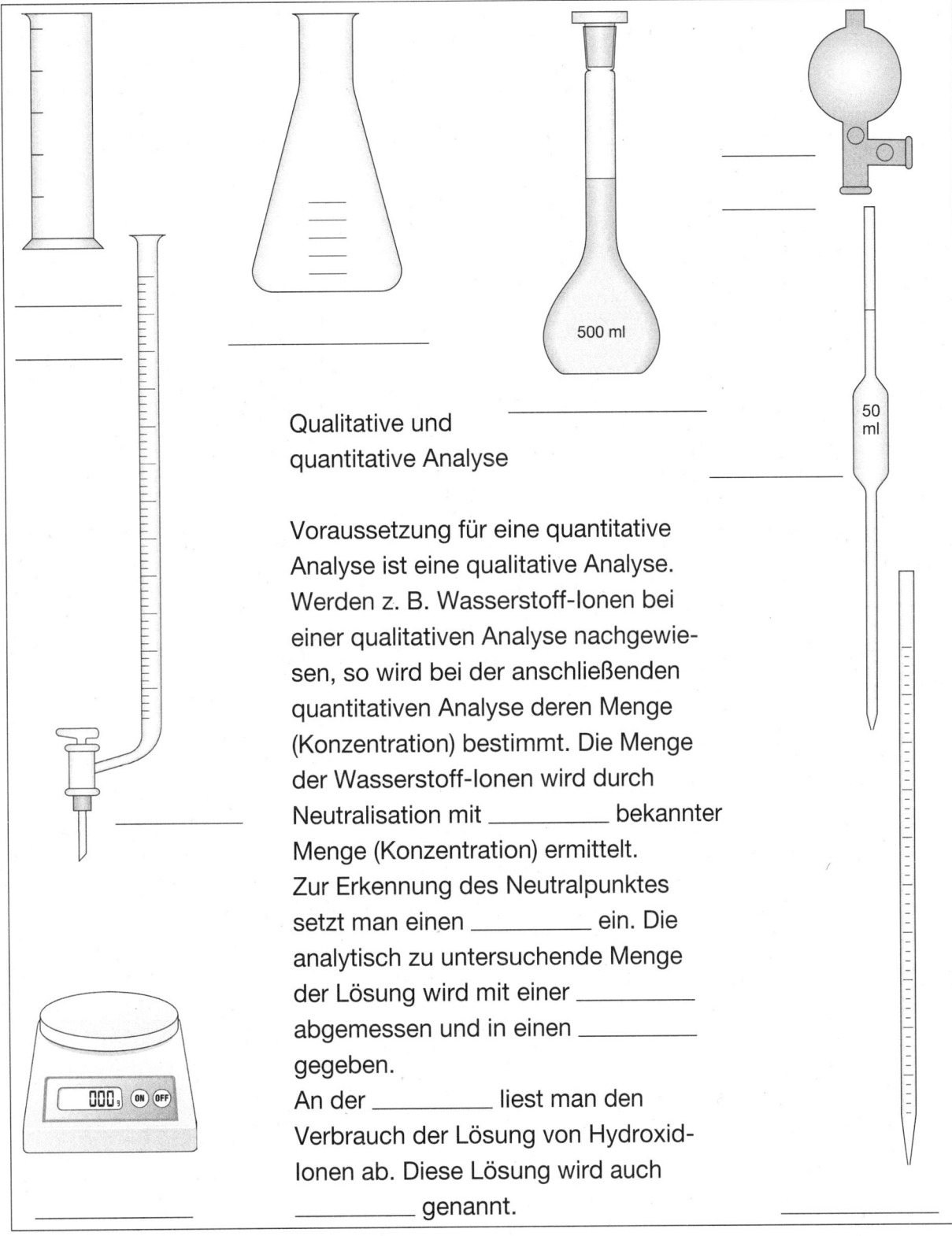

Qualitative und quantitative Analyse

Voraussetzung für eine quantitative Analyse ist eine qualitative Analyse. Werden z. B. Wasserstoff-Ionen bei einer qualitativen Analyse nachgewiesen, so wird bei der anschließenden quantitativen Analyse deren Menge (Konzentration) bestimmt. Die Menge der Wasserstoff-Ionen wird durch Neutralisation mit _____ bekannter Menge (Konzentration) ermittelt. Zur Erkennung des Neutralpunktes setzt man einen _____ ein. Die analytisch zu untersuchende Menge der Lösung wird mit einer _____ abgemessen und in einen _____ gegeben.

An der _____ liest man den Verbrauch der Lösung von Hydroxid-Ionen ab. Diese Lösung wird auch _____ genannt.

1. Gib die Namen der für eine Analyse notwendigen Geräte an und ergänze den Lückentext.

Flammenfärbung

Mithilfe der Flammenfärbung lässt sich das Vorgehen bei einer qualitativen Analyse gut nachvollziehen. Achte **unbedingt** auf **sauberes Arbeiten**, denn sonst werden die Ergebnisse verfälscht.

Erkläre die Begriffe: Vorprobe, Blindprobe und Vergleichsprobe.

_____

_____

_____

Versuch: Nachweis der Alkali- und Erdalkalimetall-Ionen in Verbindungen durch Flammenfärbung

     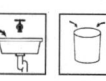 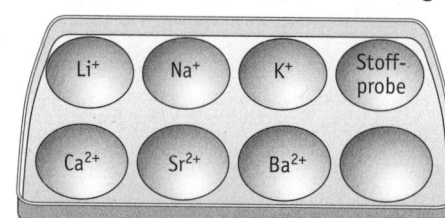

Materialien: Tüpfelplatte, Uhrglas, kleines Becherglas, Magnesiastäbchen, Kobaltglas, Handspektroskop, Gasbrenner; Lithiumchlorid (7), Natriumchlorid, Kaliumchlorid, Calciumchlorid, Strontiumchlorid (7), Bariumchlorid (6), Salzsäure (verd.), Probe einer reinen unbekannten Substanz.

Durchführung:
1. Gib etwas Salzsäure auf das Uhrglas. Tauche ein Magnesiastäbchen kurz ein und erhitze es dann in der nicht leuchtenden Brennerflamme. Wiederhole diesen Arbeitsschritt bis keine Flammenfärbung mehr zu sehen ist. Dies ist die Blindprobe
2. Feuchte das ausgeglühte Magnesiastäbchen erneut in Salzsäure an und nimm anschließend sofort etwas Lithiumchlorid auf. Halte das Stäbchen in die Brennerflamme.
3. Beobachte die Flammenfarbe mit den Augen und betrachte sie anschließend durch das Spektroskop.
4. Spüle das Magnesiastäbchen im Becherglas mit Wasser ab.
5. Wiederhole die Schritte 1 bis 3 mit den anderen Salzen. Verwende bei Kaliumchlorid das Kobaltglas. Das sind die Vergleichsproben. Vergleiche die Ergebnisse der Spektroskopie mit den Spektren im Lehrbuch.
6. Untersuche nun die Probe des unbekannten Stoffes auf vorhandene Metall-Ionen.

Auswertung:
a) Ergänze die Tabelle mit den Beobachtungen. Das sind die Vergleichsproben.

Metall-Ion	Li^+	Na^+	K^+	Ca^{2+}	Sr^{2+}	Ba^{2+}
Flammenfarbe						

b) Gib die Beobachtung für die unbekannte Substanz an und begründe mithilfe der Vergleichsproben, welches Metall-Ion in der Substanz enthalten ist.

_____

c) Begründe das Ausglühen des Magnesiastäbchens vor jeder neuen Durchführung.

_____

d) Erkläre die Notwendigkeit der Vergleichsproben.

_____

Chemie heute S I

Farbreaktionen

Verändern sich bei bestimmten Reaktionen die Farben, so lassen sich diese Reaktionen für den Nachweis von Ionen verwenden; z. B. für Mn^{2+}, Fe^{2+}, Cu^{2+} oder Zn^{2+} sowie H^+ und OH^-.

Versuch 1: Nachweis von Metall-Ionen durch die Phosphorsalzperle

Materialien: Gasbrenner, Magnesiastäbchen, Tüpfelplatte; Phosphorsalz (Natrium-ammoniumhydrogen-phosphat), Salzsäure (verd.), Eisen(II)-sulfat (**7**), Kupfer(II)-sulfat (**7**, **9**), Mangan(II)-sulfat (**8**, **9**), Zink(II)-sulfat (**5**, **7**, **9**), unbekanntes Salz.

Durchführung:
1. Erhitze in einer nicht leuchtenden Brennerflamme die Spitze des Magnesiastäbchens, bis es glüht.
2. Tauche die heiße Spitze vorsichtig zuerst in die Salzsäure und anschließend in das Phosphorsalz.
3. Das an der Spitze haftende Phosphorsalz wird unter Drehen des Magnesiastäbchens in der Flamme geschmolzen, bis eine runde Perle entsteht.
4. Nimm mit der noch heißen Perle eine ganz geringe Menge an Eisen(II)-sulfat auf, halte sie in die Flammenspitze und lasse sie unter ständigem Drehen noch einmal schmelzen.
5. Stelle nach dem Abkühlen die Farbe fest.
6. Wiederhole die Schritte 1–3 mit einem neuen Magnesiastäbchen.
7. Verfahre wie in Schritt 4. Halte die Perle in die Mitte der Brennerflamme.
8. Wiederhole die Schritte 1–7 mit Kupfer(II)-sulfat, mit Mangan(II)-sulfat und mit dem unbekannten Salz.

Auswertung:
a) Ergänze die Tabelle mit den Beobachtungen. Das sind die Vergleichsproben.

Metall-Ion	Fe^{2+}	Mn^{2+}	Cu^{2+}	Zn^{2+}	unbekannter Stoff
Oxidationsflamme					
Reduktionsflamme					

b) Gib an, welches Ion in dem unbekannten Stoff enthalten ist: _____

Versuch 2: Nachweis von Säuren und Basen

Materialien: Tüpfelplatte, Universalindikator, Lackmus, Phenolphthalein; verschiedene Proben von verdünnten Säuren und Basen.

Durchführung:
1. Gib auf die Tüpfelplatte je dreimal 1–2 Tropfen der verdünnten Säuren. Tropfe die Indikatoren dazu.
2. Wiederhole mit den verdünnten Basen.

Auswertung:
a) Ergänze die Tabelle.
b) Gib die Ionen an, die für die Farbänderung verantwortlich sind.

_____

	Säure	Base
Universalindikator		
Lackmus		
Phenolphthalein		

Oxidationsflamme — nicht leuchtende Flamme: Luftzufuhr offen
Reduktionsflamme

Systematisierung: Nachweis von Säurerest-Ionen

Arsenik (Arsentrioxid, As_2O_3) ist eine geschmacklose, wasserlösliche Substanz; sie war daher lange Zeit ein häufig verwendetes Mordgift. Erst 1836 entwickelte der Chemiker James MARSH ein spezifisches, hoch empfindliches Nachweisverfahren für Arsen-Verbindungen. Für diese *Marshsche Probe* reichen schon Mikrogramm-Mengen an Substanz, z. B. aus den Haarresten eines Verstorbenen.

Ziel der analytischen Chemie ist es, durch eindeutige und spezielle Nachweisreaktionen Stoffe zu identifizieren. Meistens handelt es sich um Fällungs- oder Farbreaktionen. Mit den nachfolgenden Aufgaben wird der Nachweis der Säurerest-Ionen systematisiert. Durch die unterschiedlichen Nachweise ist es möglich, die verschiedenen Säuren bzw. deren Salze qualitativ zu unterscheiden.

1. Fülle die folgende Tabelle aus.

Ion	Formel	Nachweismittel	Durchführungshinweis	Beobachtung
Sulfid-				
Sulfat-				
Carbonat-				
Phosphat-				
Nitrat-				
Chlorid-				
Bromid-				
Iodid-				

2. Stelle im Hefter für den Nachweis der Sulfat-Ionen sowie Carbonat-Ionen (über Kohlenstoffdioxid) die Reaktionsgleichungen auf und gib den Reaktionstyp an.

3. Begründe, dass beim Nachweis von Sulfat-Ionen mit verdünnter Salzsäure angesäuert werden muss.

Chemie heute S I

Nachweise von Halogenid-Ionen

Versuch 1: Nachweis der Chlorid-, Bromid- und Iodid-Ionen

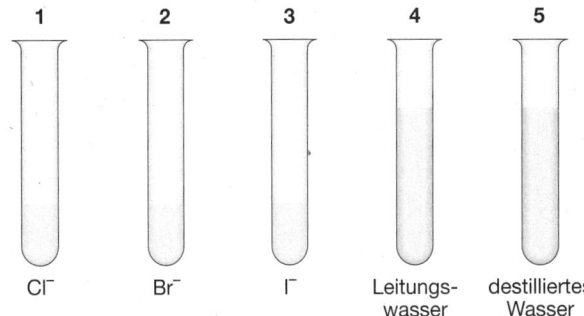

Materialien: 5 Reagenzgläser, Reagenzglasständer;
Silbernitratlösung (1 %), Kaliumchloridlösung, Kaliumbromidlösung, Kaliumiodidlösung, destilliertes Wasser, Leitungswasser, Salpetersäure (verd.; **5**, **7**).

Durchführung:

1. Gib in das Reagenzglas 1 etwa 2 ml Kaliumchloridlösung, säuere mit einem Tropfen verdünnter Salpetersäure an und gib anschließend einen Tropfen Silbernitratlösung zu.
2. Verfahre mit der Kaliumbromidlösung und danach mit der Kaliumiodidlösung in den Reagenzgläsern 2 und 3 ebenso.
3. Gib in Reagenzglas 4 etwa 4 ml Leitungswasser und in Reagenzglas 5 etwa 4 ml destilliertes Wasser und je drei Tropfen Silbernitratlösung. Das destillierte Wasser ist die Blindprobe.

Auswertung:

a) Notiere deine Beobachtungen in der Tabelle und begründe die Versuchsergebnisse.

Glas	Beobachtungen	Begründung
1		
2		
3		
4		
5		

b) Stelle für die Reaktionen in den Gläsern 1, 2 und 3 die Reaktionsgleichungen auf und gib die Namen der Reaktionsprodukte an.

Glas 1: _____

Glas 2: _____

Glas 3: _____

Versuch 2: Löse folgende experimentelle Aufgabe:

In drei Reagenzgläsern befindet sich destilliertes Wasser, eine Natriumchloridlösung und eine Natriumiodidlösung. Untersuche, in welchem Reagenzglas sich die einzelnen Lösungen befinden, und begründe deine Entscheidungen.

Glas 1: _____

Glas 2: _____

Glas 3: _____

Analyse unbekannter Lösungen

Versuch: Nachweis von Säurerest-Ionen sowie Wasserstoff-Ionen und Hydroxid-Ionen

Materialien: Reagenzgläser, Reagenzglas mit seitlichem Ansatz, Gasableitungsrohr, Stopfen, Reagenzglasständer, Tüpfelplatte, Pipetten, Spatel;
2 Analysenlösungen mit verschiedenen Ionen, Bariumchloridlösung, Bariumhydroxidlösung (**7**), Salzsäure (verd.), Salpetersäure (verd.; **5**, **7**), Silbernitratlösung (1 %), Ammoniummolybdatlösung, Universalindikatorpapier, Nitratteststäbchen (bzw. Schwefelsäure (verd.; **7**)), Eisen(II)-sulfatlösung (**7**), Schwefelsäure (konz.; **5**).

Durchführung:
1. Prüfe die Analysenlösung 1 auf Chlorid-, Iodid-, Carbonat-, Sulfat-, Wasserstoff- und Hydroxid-Ionen.
2. Prüfe die Analysenlösung 2 auf Carbonat-, Sulfat-, Phosphat-, Nitrat-, Wasserstoff- und Hydroxid-Ionen.

Auswertung:
Trage deine Analysenergebnisse in die Tabelle ein und werte die Reaktionen für die nachgewiesenen Ionen aus (Reaktionsgleichungen).

Ion	Reagenz für den Nachweis	Lsg. 1	Lsg. 2	Beobachtung, Reaktionsgleichung
Cl^-				
I^-				
CO_3^{2-}				
SO_4^{2-}				
PO_4^{3-}				
NO_3^-				
H^+				
OH^-				

Chemie heute S I

© 2015 Schroedel, Braunschweig

Erfolgreich analytisch arbeiten …

Erfolgreiches analytisches Arbeiten setzt gewissenhaftes und sauberes Arbeiten sowie die Einhaltung aller Experimentiervorschriften voraus. Ein kleiner Fehler führt in der Regel zu falschen Ergebnissen.

1. Berichtige die Fehler, die in den Experimentbeschreibungen enthalten sind.

a) Claus will eine unbekannte Substanz auf Chlorid-Ionen prüfen. Er löst eine geringe Menge in destilliertem Wasser, säuert mit verdünnter Salzsäure an und gibt tropfenweise Silbernitratlösung dazu. Es entsteht sofort ein weißer Niederschlag im Reagenzglas.

_____

_____

b) Carsten will Carbonat-Ionen nachweisen. Die unbekannte Substanz löst er im destillierten Wasser auf und gibt einige Tropfen einer wässrigen Bariumchloridlösung dazu. Es kommt zu einer Trübung. Sind damit Carbonat-Ionen wirklich eindeutig nachgewiesen?

_____

_____

c) Susi soll anhand eines selbst ausgewählten Salzes den Nachweis der Sulfat-Ionen demonstrieren. Dazu wählt sie Bariumsulfat aus. Erläutere, warum ihr die Demonstration misslingt.

_____

_____

d) Peggy soll den pH-Wert einer Lösung von Calciumchlorid bestimmen. Da das Salz nur als Feststoff vorliegt, löst sie eine geringe Menge in verdünnter Salzsäure und versetzt die entstandene Lösung mit zwei Tropfen Universalindikator. Sie ist erstaunt über den gemessenen pH-Wert 1. Erkläre, was falsch gemacht wurde.

_____

_____

e) Maria versetzt eine unbekannte Substanz mit verdünnter Salzsäure. Es ist eine heftige Gasentwicklung zu sehen. Sie vermutet Kohlenstoffdioxid. Das Gas leitet sie in frisch hergestellte Natriumhydroxidlösung. Erkläre, dass kein Niederschlag ausfällt.

_____

_____

f) Bei der Flammenprobe beobachtet Jens eine intensiv violette Farbe. Er meint, damit das Salz Kaliumchlorid nachgewiesen zu haben. Hat er Recht?

_____

_____

Quantitative Analyse

Quantitative Analysen verfolgen das Ziel, die mengenmäßige Zusammensetzung von Stoffen zu bestimmen, wenn die qualitative Zusammensetzung bereits bekannt ist. Man bestimmt die Größen Masse oder Volumen bei Gasen und berechnet daraus Konzentration und Stoffmenge.

1. Gibt man Salzsäure zu Calciumcarbonat, entsteht Kohlenstoffdioxid. Das kann man durch eine Fällungsreaktion nachweisen. Man kann aber auch das Volumen an CO_2 bestimmen.

a) Skizziere und beschrifte die Apparatur zum Nachweis von CO_2 durch eine Fällungsreaktion. Gib die Reaktionsgleichungen der Reaktion mit $CaCO_3$ an und die der Fällungsreaktion.

_____

_____

b) Die Abbildung zeigt die gleiche Reaktion wie a) nur mit dem Ziel, das Volumen an CO_2 zu bestimmen. Erkläre den Unterschied in den Apparaturen.

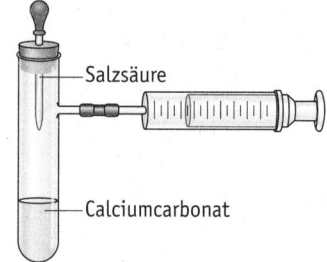

Salzsäure

Calciumcarbonat

_____

_____

c) Berechne die Masse an Kohlenstoff, die bei einem V (CO_2) = 33 ml in der Ausgangssubstanz $CaCO_3$ enthalten ist. ($V_m = 24 \frac{l}{mol}$)

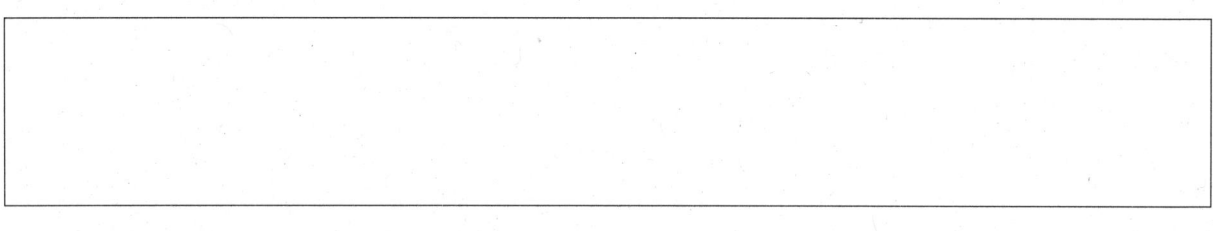

2. Für die Säure-Base-Titration benötigt man eine Maßlösung mit bekannter Stoffmengenkonzentration; beispielsweise eine Natriumhydroxidlösung mit $c = 0{,}1 \frac{mol}{l}$.

a) Berechne, wie viel Gramm festes Natriumhydroxid für eine solche Lösung in einem Liter Wasser gelöst werden muss. Benutze dazu die Definition der Stoffmengenkonzentration.

b) Berechne die Stoffmengenkonzentration, die entsteht, wenn in 500 ml Wasser 5,6 g festes Kaliumhydroxid vollständig gelöst wird.

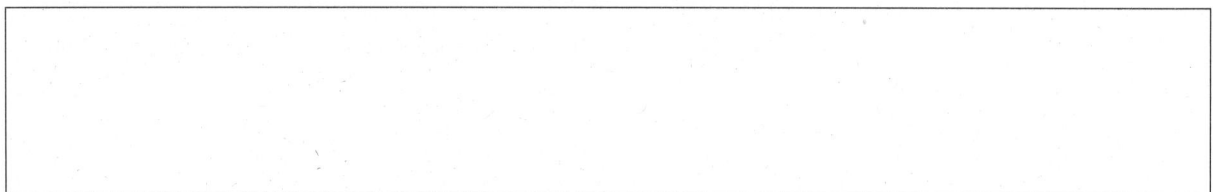

Chemie heute S I

Säure-Base-Titration

20 ml

Natronlauge
$c\,(NaOH) = 1\,\frac{mol}{l}$

1. Ablesung

2. Ablesung

Phenolphthalein-
Lösung

1. Benenne die zur Titration notwendigen Geräte (Ziffern) und Chemikalien (Buchstaben).

① _____   Ⓐ _____

② _____   Ⓑ _____

③ _____   Ⓒ _____

④ _____   Ⓓ _____

⑤ _____   Ⓔ _____

2. Gib die allgemeine Wortgleichung und die verkürzte Reaktionsgleichung für die Neutralisationsreaktion an.

_____

_____

3. Begründe die Verwendung eines Indikators bei der Titration und erkläre seine Wirkungsweise.

_____

_____

4. Erkläre den Unterschied einer Titration zu einer einfachen Nachweisreaktion.

_____

Auswertung einer Säure-Base-Titration

1. Vergleiche die Stoffmenge an Wasserstoff-Ionen und Hydroxid-Ionen am Neutralpunkt.

2. Gib zwei Größengleichungen an, nach denen die Stoffmenge berechnet werden kann.

3. Formuliere die Größengleichungen, mit denen nach der Durchführung der Titration
a) die Stoffmenge der Analysenlösung berechnet weren kann,
b) die in der Analysenlösung vorhandene Masse des Stoffes berechnet werden kann.

a)

b)

4. *Beispiel:* Bei einer Titration von 25 ml Kalilauge mit Salpetersäure der Konzentration $c = 0{,}2 \frac{mol}{l}$ werden 28,4 ml Maßlösung verbraucht.

Aufgabenstellung Lösungsschritte	a) Berechne die Stoffmengenkonzentration der Kalilauge	b) Berechne die Masse an reinem Kaliumhydroxid in 25 ml Lösung sowie in einem Liter Lauge
Reaktionsgleichung		
Gesucht:		
Gegeben:		
Größengleichung nach der gesuchten Größe umstellen		
Einsetzen der Werte und Ergebnisse berechnen		
Antwortsatz		

Versuch: Bestimmung der Konzentration einer Natriumhydroxidlösung (Natronlauge) durch Titration mit Salzsäure

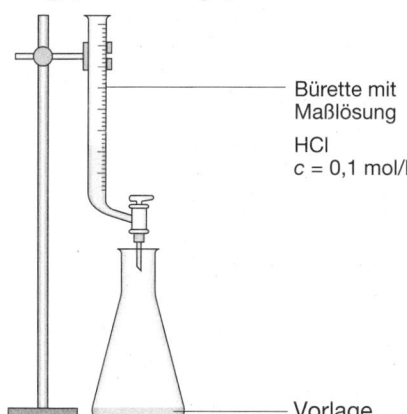

Bürette mit
Maßlösung

HCl
$c = 0,1$ mol/l

Vorlage

Materialien: Bürette, Vollpipette (10 ml oder 25 ml), Pipettierhilfe, Erlenmeyerkolben (200 ml);
Salzsäure ($c = 0,1 \frac{mol}{l}$), Natriumhydroxidlösung (**5**), Phenolphthalein (**2**), Bromthymolblau.

Durchführung:
1. Fülle die Bürette mit der Maßlösung.
2. Gib in einen Erlenmeyerkolben mittels der Vollpipette 10 oder 25 ml Natronlauge. Füge zwei Tropfen des Indikators Phenolphthalein zu.
3. Titriere die Lauge mit Salzsäure bis zur Entfärbung der Lösung.
4. Wiederhole alle Messungen mindestens drei Mal. Bei einer oder zwei Titrationen kannst du auch den Indikator Bromthymolblau wählen.

Indikatorfarben im …		
sauren	neutralen Bereich	basischen
Phenolphthalein		
farblos	farblos	rosa
Bromthymolblau		
gelb	grün	blau

Auswertung:
a) Trage alle Messwerte in die Tabelle ein und bilde den Mittelwert für den Verbrauch an Maßlösung.

Titration	1	2	3	4
Bürettenstand vor der Titration in ml				
Bürettenstand nach der Titration in ml				
Verbrauch an Maßlösung in ml				
Mittelwert				

b) Berechne die Stoffmengenkonzentration der Natronlauge.

c) Berechne die Masse an reinem Natriumhydroxid in der titrierten Lösungsmenge sowie in einem Liter der Natronlauge.

Leitfähigkeitstitration und elektronische Messwerterfassung

1. Nicht alle Säuren oder Basen in alltäglichen Stoffen lassen sich durch Titration mit einem Indikator nachweisen. Begründe das am Beispiel von Cola, Apfelsaft und Kaffee.

_____

_____

2. Statt der pH-Wert-Änderung kann man bei einer Neutralisation auch die Veränderung der Leitfähigkeit bestimmen. Die dabei auftretenden Werte lassen sich per Hand mit einem Leitfähigkeitsmesser aufnehmen. Beim Titrieren wird die Maßlösung der Analysenlösung portionsweise zugetropft und jeweils die Leitfähigkeit bestimmt. Die so erhaltenen Werte werden in einer Wertetabelle erfasst, die dann in ein Koordinatensystem übertragen werden.

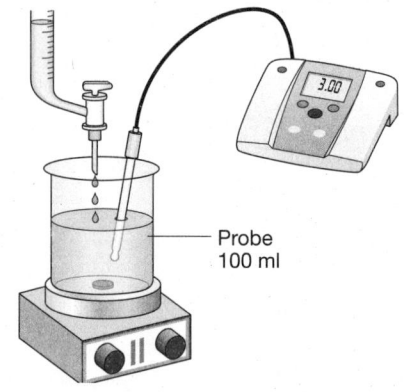

Probe
100 ml

Sollen die Werte mit dem CAS-Taschenrechner oder Computer direkt ausgewertet werden, baut man ein Messwerterfassungssystem auf. Dafür benötigt man ein Zwischengerät, das die Messwerte vom angeschlossenen Leitfähigkeitsmesser digitalisiert und an den Rechner weiterleitet.

Tropft man nun bei einer Titration die Maßlösung zur Analysenlösung, wird jede Sekunde oder alle zehn Sekunden – je nach Einstellung – die Leitfähigkeit erfasst und kann sofort als Diagramm dargestellt werden. Nenne die Vorteile einer elektronischen Messwerterfassung gegenüber einer Erfassung per Hand.

_____

_____

3. Führe entsprechend der Vorgaben durch den Lehrer eine Leitfähigkeitstitration durch. Erfasse die Daten und lass das Diagramm darstellen oder stelle es selbst dar. Um den Äquivalenzpunkt zu ermitteln, verfahre wie folgt:

(1) Ermittle mithilfe der Regression eine Gerade (lineare Funktion $y = ax + b$), die links vom Minimalpunkt verläuft. Per Hand: Verbinde die meisten Punkte links vom Minimum zu einer Gerade.

(2) Ermittle auf gleiche Weise eine Gerade für die Punkte rechts vom Minimum.

(3) Bestimme den Schnittpunkt der beiden Geraden und lies auf der x-Achse den Verbrauch ab.

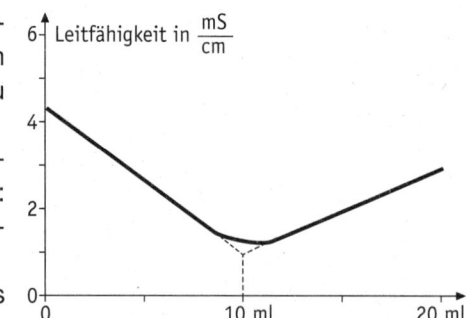

4. Bei der Leitfähigkeitstitration von 15 ml Säure wurde am Äquivalenzpunkt ein Verbrauch von 10 ml Natronlauge mit $c = 0,1 \frac{mol}{l}$ gemessen. Gib die Ionengleichung für die Neutralisationstitration an und berechne die Konzentration der Säure.

Chemie heute S I

Ergänze die fehlenden Angaben zum Basiswissen.

Chemische Analyse

Qualitative Analyse ist die Bestimmung der

_____

eines Stoffes.

Quantitative Analyse ist die Bestimmung des

_____

eines Stoffes oder Teilchens am Gemisch.

Titration

Die Stoffmengenkonzentration lässt sich durch eine

_____

ermitteln. Man tropft dabei eine _____

_____

zu einer Proben- oder Analysenlösung, bis ein

_____ umschlägt.

Die Titration ist eine _____

_____ Analysen-

methode.

Titration

Säure   + Base $\longrightarrow$

HCl   + NaOH $\longrightarrow$

am Äquivalenzpunkt gilt:

$$n(\text{Säure}) = n(\text{Base})$$

$$c(\text{Säure}) \cdot V(\text{Säure}) = c(\text{Base}) \cdot V(\text{Base})$$

n: _____

c: _____

V: _____

Nachweisreaktionen

Chlorid-Ion mit: _____

Beobachtung: _____

Cl^- + _____ $\longrightarrow$ _____

Bromid-Ion mit: _____

Beobachtung: _____

Br^- + _____ $\longrightarrow$ _____

Iodid-Ion mit: _____

Beobachtung: _____

I^- + _____ $\longrightarrow$ _____

Wasserstoff-Ion mit: _____

Beobachtung: _____

Hydroxid-Ion mit: _____

Beobachtung: _____

Sulfid-Ion mit: _____

Beobachtung: _____

S^{2-} + _____ $\longrightarrow$ _____

Sulfat-Ion mit: _____

Beobachtung: _____

SO_4^{2-} + _____ $\longrightarrow$ _____

Carbonat-Ion mit verdünnter Salzsäure in Kohlen-

stoffdioxid überführen und nachweisen mit:

_____

Beobachtung: _____

CO_2 + _____ $\longrightarrow$ _____

Ammonium-Ion mit: _____

Beobachtung: _____

1. Lithiumsalze erzeugen in Feuerwerkskörpern eine rote Lichterscheinung, Bariumsalze eine grüne. Erkläre die unterschiedliche Lichterscheinung unter Einbeziehung des Bohrschen Atommodells.

2. Organische Stoffe enthalten als Hauptbestandteil die Elemente Wasserstoff und Kohlenstoff.
   a) Beschreibe Nachweismethoden für diese Elemente.
   b) Stelle die Reaktionsgleichungen für die Nachweise auf.
   c) Zeichne eine Versuchsapparatur, für den gleichzeitigen Nachweis beider Elemente in einer organischen Substanz.

3. Folgende Lösungen stehen in Reagenzgläsern in unbekannter Reihenfolge bereit: Ethanol, verdünnte Kaliumhydroxidlösung, verdünnte Ameisensäure, Propanal, verdünnte Salzsäure und verdünnte Schwefelsäure. Entwerfe einen Versuchsplan, um diese Substanzen eindeutig zu identifizieren.

4. In einem umweltchemischen Labor wurden verschiedene Bodenproben von dem Grundstück einer in Insolvenz gegangenen Firma zur Herstellung und Aufbereitung von organischen Lösemitteln untersucht. Bei der Analyse der Proben wurden sehr hohe Konzentrationen einer Substanz mit der Molekülformel $C_4H_8O_2$ gefunden.
   a) Gib drei mögliche vereinfachte Strukturformeln und die jeweiligen Namen für die Verbindungen mit dieser Molekülformel an.
   b) Ordne die jeweilige Stoffklasse zu.
   c) Die unbekannte Substanz reagiert mit Magnesium. Gib den Namen der Substanz an.

5. Zur Auswertung von Titrationen kann man folgende Berechnungsformel verwenden:
$c(H^+) \cdot V(\text{Säure}) = c(OH^-) \cdot V(\text{Lauge})$.
Bestätige die Richtigkeit der Formel.

6. Ein Stückchen Calcium wird in 100 ml Salzsäure ($c = 0,1 \frac{mol}{l}$) gegeben. Nach Beendigung der Reaktion werden 20 ml der Lösung mit Natronlauge ($c = 0,1 \frac{mol}{l}$) neutralisiert. Man benötigt 12 ml.
   a) Berechne die Stoffmenge, die durch die Reaktion mit Calcium verbraucht wurde.
   b) Berechne die Masse des Calciumstücks.

7. **Schnelltest: Analytik**
   Kreuze die jeweils richtige Antwort an.
   a) Zu den Methoden der qualitativen Analysen gehören die
      A ❏ Flammenfärbung,
      B ❏ Titration,
      C ❏ Boraxperle,
      D ❏ Anionen-Nachweise.
   b) Durch welche Vorprobe kann Rubidium in Verbindungen nachgewiesen werden?
      A ❏ Boraxperle,
      B ❏ Flammenfärbung,
      C ❏ Phosphorsalzperle.
   c) Eine organische Substanz hat folgende Eigenschaften: flüssig, positive Fehling-Probe. Die Substanz ist
      A ❏ Methanol,
      B ❏ Methanal,
      C ❏ Essigsäure,
      D ❏ Ethanal.
   d) Eiweiße lassen sich nachweisen
      A ❏ mit der Tollens-Probe,
      B ❏ durch wasserfreies Kupfersulfat,
      C ❏ mit konzentrierter Salpetersäure,
      D ❏ mit Kalilauge und Kupfersulfatlösung.
   e) Die Probe färbt sich mit Lugolscher Lösung blauschwarz. Die unbekannte Substanz ist
      A ❏ ein Alkohol,
      B ❏ ein Fett,
      C ❏ ein Protein,
      D ❏ Stärke.
   f) Bei der Reaktion von Kaliumbromid mit Silbernitrat handelt es sich um eine
      A ❏ Redoxreaktion,
      B ❏ Neutralisation,
      C ❏ Dehydrierung,
      D ❏ Fällungsreaktion.
   g) Phenolphthalein färbt sich nach dem Zutropfen rot. Die Substanz ist
      A ❏ Natriumhydroxid,
      B ❏ Wasser,
      C ❏ Natriumchlorid,
      D ❏ Essigsäure.
   h) Für die Titration einer Salzsäurelösung benötigt man
      A ❏ einen Indikator,
      B ❏ eine Maßlösung Methansäure,
      C ❏ eine Maßlösung Natriumhydroxidlösung,
      D ❏ eine Maßlösung Phosphorsäure.

Kunststoffe – Moderne Werkstoffe

Entwicklungsgeschichte der Kunststoffe		
Kunststoff: **Teflon**	**Polycarbonat**	**Phenolharze**
Entwickler:		BAEKELAND
Jahr:	1953	
Land: USA		
Kunststoff: **Polystyrol**	**Polypropen**	**Polymethacrylsäure-methylester**
Entwickler: IG Farben		
Jahr:		
Land:	Italien	Deutschland
Kunststoff: **Polyvinylchlorid**	**Kautschuk-Gummi**	**Polyurethan**
Entwickler: KLATTE		
Jahr:	1881	
Land:		Deutschland

1. Recherchiere die noch fehlenden Jahreszahlen, Entdecker bzw. Entwickler aus der Entwicklungsgeschichte der Kunststoffe.
2. Ordne die Informationen zur Entwicklungsgeschichte der Kunststoffe auf einem Zeitstrahl im Hefter.

Chemie heute S I

Struktur von Kunststoffen

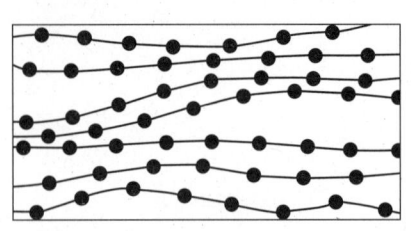

Struktur von Thermoplasten

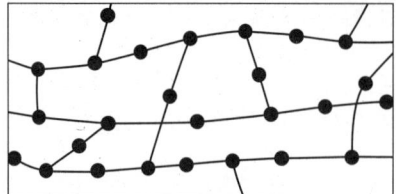

Struktur von Duroplasten

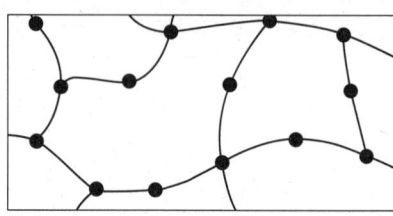

Struktur von Elastomeren

1. Beschreibe die Strukturen der Thermoplaste, Duroplaste und Elastomere.

Thermoplaste	Duroplaste	Elastomere

2. Ordne den drei Kunststoffklassen nachfolgend genannte Eigenschaften zu:
Bei Erwärmung verformbar, bei Zimmertemperatur elastisch, bei Erwärmung nicht verformbar, federnd, nicht schmelzbar, plastisch formbar, teilkristallin und amorph, sehr hart und spröde, dehnbar und zusammendrückbar, löslich in organischen Stoffen, unlöslich in organischen Stoffen, nicht schmelzbar.

Thermoplaste	Duroplaste	Elastomere

3. Ordne den drei Kunststoffklassen die nachfolgend genannten Produkte zu:
Schlauchboot, Zahnrad, Mülltonne, Tragetasche, Autoreifen, Trommelstöcke, Badekappe, Fahrradrückleuchte, Strahltriebwerk, Gießharz, Sitzpolster.

Thermoplaste	Duroplaste	Elastomere

Chemie heute S I

Untersuchung von Kunststoffen

Die beiden Kunststoffe Polyethen (PE) und Polycarbonat (PC) sind aus dem Alltag nicht mehr wegzuden-ken. Typische Produkte das Polyethen sind Müllsäcke, Flaschen für Haushaltsreiniger, aber auch Implantate. Polycarbonate werden zur Herstellung von Babyflaschen, Sicherheitsscheiben und CDs genutzt.

Versuch: Untersuchung von Kunststoffen

Materialien: Messzylinder (50 ml), Pinzette, Gasbrenner, Waage, Kupferdraht, Tiegelzange, Universalindikatorpapier;
Ethansäureethylester (**2**, **7**), Kunststoffproben aus Polyethen und Polycarbonat.

Durchführung:
Dichtebestimmung
1. Wiege die Kunststoffproben und notiere die Werte für die Massen.
2. Bestimme das Volumen durch Verdrängung von Wasser.
3. Ermittle durch Berechnung die Dichten beider Proben.

Brennbarkeit
4. Halte ein kleines Stück der Probe mit einer Pinzette in die Brennerflamme.
5. Beobachte das Entzünden, das Brennen, das Erlöschen und das Weiterbrennen außerhalb der Flamme, das Abtropfen, die Bildung von Dämpfen, Rauch oder Ruß und die Farbe der Flamme.
6. Halte in die entstehenden Schwaden ein feuchtes Indikatorpapier und bestimme den pH-Wert.
7. Nach dem Erlöschen wird außerdem der Geruch bestimmt.

Beilsteinprobe
8. Erhitze einen Kupferdraht in der rauschenden Flamme des Gasbrenners, bis sich die Flamme nicht mehr verfärbt.
9. Berühre den jeweiligen Kunststoff mit dem noch heißen Kupferdraht. Halte diesen dann wieder in die Flamme.

Quellprobe
10. Gib einige Tropfen Ethansäureethylester auf die zu untersuchenden Proben und warte etwa fünf Minuten.
11. Prüfe, ob sich der Kunststoff löst oder aufquillt.

Härte
12. Versuche die Proben mit dem Fingernagel einzuritzen.

Aufgaben:
a) Formuliere deine Beobachtungen.
b) Erstelle eine Tabelle mit den beobachteten Eigenschaften der beiden Kunststoffe.
c) Vergleiche die Eigenschaften mit denen der Originalkunststoffe.

Polymerisation und Polykondensation

Schematische Darstellung der

Polymerisation   Polykondensation

1. Vergleiche mithilfe obiger Darstellung die Polymerisation und Polykondensation durch Ausfüllen der Tabelle.

	Polymerisation	Polykondensation
entscheidendes Strukturmerkmal der Monomeren		
Struktur des Polymerisats bzw. Polykondensats		
Abspaltung von Nebenprodukten		
Verhältnis der Zusammensetzung Monomer/Polymer		
Zuordnung zu einer Reaktionsart		

2. Erkläre die Voraussetzungen, die Ausgangsstoffe bei der Polykondensation besitzen müssen, damit es zur Vernetzung der Ketten kommt.

3. Stelle die Reaktionsgleichungen auf.

Styrol	$\longrightarrow$	Polystyrol
Propen	$\longrightarrow$	Polypropen

4. Polyamide können durch Polykondensation hergestellt werden. Die Ausgangsstoffe für die Nylonherstellung sind 1,6-Diaminohexan und Adipinsäure. Entwickle die zusammengefasste Reaktionsgleichung im Hefter.

1,6-Diamino-hexan

Adipinsäure

Chemie heute S I

Wiederverwendung und Entsorgung von Kunststoffen

1. Über die Duales System Deutschland GmbH werden Glas, Leichtverpackungen und auch Papier und Pappe eingesammelt. Im Jahr 2013 belief sich die Gesamtmenge dieser Abfälle in Deutschland auf 21,8 Millionen Tonnen.

a) Gib die Mengenanteile von Glas, Leichtverpackungen sowie Papier und Pappe in Tonnen an.

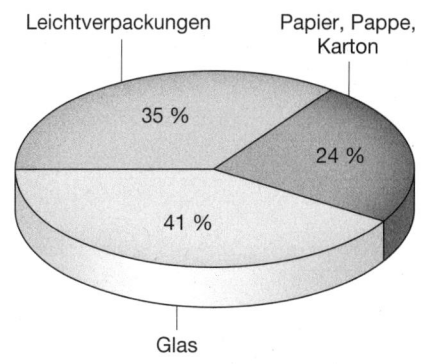

Leichtverpackungen

Papier, Pappe, Karton

35 %

24 %

41 %

Glas

b) Berechne diese Anteile pro Kopf in Kilogramm bei einer Bevölkerungszahl von etwa 80,8 Millionen.

c) Etwa 40 % der Leichtverpackungen sind Kunststoffe. Berechne die Masse an Kunststoffen in Kilogramm, die im Jahre 2013 pro Bundesbürger gesammelt worden.

2. Beschreibe die Wege der Beseitigung der anfallenden Kunststoffabfälle. Versuche die drei Möglichkeiten mithilfe der Abbildung herauszufinden und ergänze sie als Überschriften.

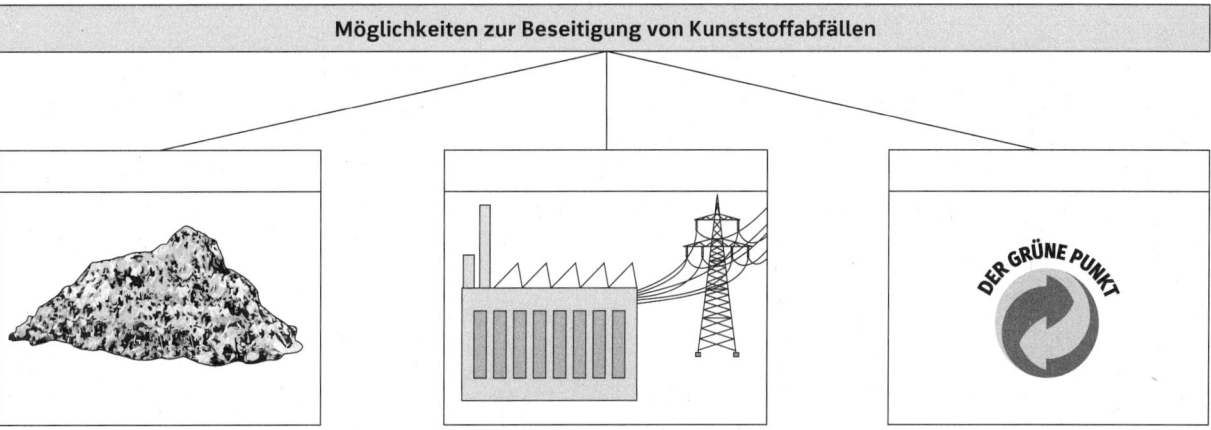

Möglichkeiten zur Beseitigung von Kunststoffabfällen

3. Unter Recycling versteht man einen Kreislauf. Beschreibe für die Arten des Kunststoffrecyclings:
a) das Prinzip des Verfahrens,
b) die damit verbundenen Voraussetzungen bzw. Probleme,
c) die Produkte, die neu hergestellt werden können.

KUNSTSTOFFRECYCLING		
	Umschmelzen	**Pyrolyse / Hydrierung**	**Selektives Lösen**
a)			
b)			
c)			

Chemie heute S I

Polyesterherstellung – biologisch abbaubare Kunststoffe

Versuch 1: Polykondensation von Citronensäure

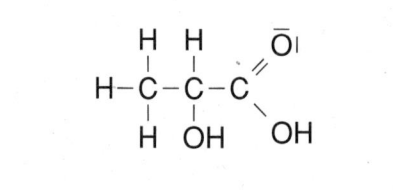

Materialien: Becherglas (50 ml), Heizplatte, Glasstab, Waage; Citronensäure.

Durchführung:

1. Erhitze 10 g Citronensäure im Becherglas, bis sich eine gelbe, leicht zähflüssige Masse bildet. Rühre gelegentlich, da die Zitronensäure stark schäumt.
2. Lasse das Produkt langsam abkühlen.
3. Untersuche Farbe und Konsistenz des gebildeten Polyesters.

Auswertung:

a) Notiere deine Beobachtungen.

_____

_____

Versuch 2: Polykondensation von Milchsäure

Materialien: Reagenzglas, Reagenzglashalter, Siedesteinchen, Spatel, Gasbrenner; Milchsäure (**5**) und Zinn(II)-chlorid (**7**).

Durchführung:

1. Mische im Reagenzglas 5 ml Milchsäure und eine Spatelspitze Zinn(II)-chlorid mit Siedesteinchen und erwärme, bis sich die Masse orangebraun verfärbt.
2. Gieße die noch heiße flüssige Lösung auf eine Glasplatte.
3. Untersuche Farbe und Konsistenz des gebildeten Polyesters.

Auswertung:

a) Notiere deine Beobachtungen.

_____

_____

Auswertung beider Experimente:

a) Erläutere an beiden Beispielen den Begriff Polykondensation und begründe, dass jeweils nur ein Monomer vorhanden sein muss.

_____

_____

b) Nenne Vorteile von Kunststoffen aus nachwachsenden Rohstoffen.

_____

Chemie heute S I

Ergänze die fehlenden Angaben zum Basiswissen.

Synthetische polymere Stoffe

Polymere Stoffe sind aus Grundbausteinen, den

sogenannten _____ aufgebaut.

Zu den synthetischen Polymeren gehören:

_____

_____

_____

Polymerisation

Die Polymerisation ist eine _____,

bei der Monomere unter Aufspaltung von

_____ Makromoleküle

bilden. *Beispiel:* Bildung von Polyethen

Ethen $\longrightarrow$ Polyethen

$\longrightarrow$

Polykondensation

Die Polykondensation ist eine _____, bei der Monomere mit

_____ unter Abspaltung von Wasser Makromoleküle bilden.

Beispiel: Bildung von Phenoplast

Phenol $+$ Methanal $\longrightarrow$ Phenoplast $+$ Wasser

$+$ $\longrightarrow$ $+$

Struktur, Eigenschaften und Verwendung

Kunststoff	Struktur	Eigenschaft	Verwendung
Thermoplast z. B.:			
Duroplast z. B.:			
Elastomer z. B.:			

Chemie heute S I

1. Vergleiche die Bildung und die Eigenschaften der Kunststoffe mit denen der Kohlenhydrate und der Eiweiße.

2. a) Vergleiche die Eigenschaften von Ethen und Polyethen und begründe die Unterschiede.
   b) Nenne Verwendungsmöglichkeiten des Kunststoffes Polyethen.

3. Erkläre, wer recht hat: Herr Müller sagt: „Kunststoffe sind Ersatzstoffe". Herr Meier meint dagegen: „Kunststoffe sind Werkstoffe nach Maß". Begründe deine Meinung mit Beispielen aus Industrie und Haushalt.

4. Begründe, warum der Kunststoff PVC schrittweise durch andere Kunststoffe ersetzt werden muss.

5. Der Stoßdämpfer eines PKW wird der Gruppe der „thermoplastischen Elastomere" zugeordnet. Gib die besonderen Eigenschaften dieser Kunststoffprodukte an.

6. Ist es sinnvoll, Kochtöpfe und Pfannen aus Polyethen herzustellen? Begründe deine Antwort.

7. Vergleiche die Herstellung von Polyethen mit der eines Polyesters nach folgenden Gesichtspunkten:
   a) Strukturmerkmale der Ausgangsstoffe,
   b) Reaktion zum Makromolekül,
   c) Eigenschaften der Reaktionsprodukte.

8. Stelle die Reaktionsgleichung für die Bildung von Polyethen auf.

9. Stelle die Reaktionsgleichung für die Bildung eines linearen Polyesters auf.

10. Nenne Voraussetzungen für die Bildung von vernetzten Polyestern.

11. Berechne die Masse Polyethen, die aus einer Tonne Ethen maximal hergestellt werden kann. Begründe das Ergebnis.

12. a) Erkläre das Wesen der Vulkanisation.
    b) Begründe, ob es sich um einen physikalischen Vorgang oder um eine chemische Reaktion handelt.

13. Erkläre den Begriff Copolymerisation anhand eines Beispiels.

14. PVC wird unter dem Abzug stark erhitzt. Welche Reakion zeigen die entstehenden Dämpfe mit angefeuchtetem Indikatorpapier? Erkläre die Beobachtung.

15. Bewerte die heutigen Möglichkeiten des Kunststoffrecyclings.

16. **Schnelltest: Kunststoffe**
    Kreuze jeweils die richtigen Antworten an.
    a) Kunststoffe bestehen aus Molekülen
       A ❑ deren Masse zwischen 100 und 1000 liegt,
       B ❑ deren Masse größer als 10 000 ist,
       C ❑ die zu den synthetischen makromolekularen Stoffen gezählt werden,
       D ❑ die zu den natürlichen makromolekularen Stoffen gezählt werden.
    b) Die Polymerisation ist eine Reaktionsart
       A ❑ zur Synthese von Ethen,
       B ❑ zur Synthese von Polyethen,
       C ❑ zum Recycling von Polyethen,
       D ❑ zur Herstellung von Gummi.
    c) Für eine Polykondensation werden Ausgangsstoffe mit folgenden Strukturmerkmalen benötigt:
       A ❑ einer Mehrfachbindung,
       B ❑ mehreren Mehrfachbindungen,
       C ❑ einer funktionellen Gruppe,
       D ❑ mehreren funktionellen Gruppen.
    d) Als Ausgangsstoff für die Herstellung von synthetischem Kautschuk (Gummi) kann
       A ❑ Butan verwendet werden,
       B ❑ But-1-en verwendet werden,
       C ❑ Buta-1,3-dien verwendet werden,
       D ❑ Penta-1,3-dien verwendet werden.
    e) Bei der Vulkanisation werden
       A ❑ Makromoleküle gebildet,
       B ❑ Molekülketten durch Schwefel vernetzt,
       C ❑ gummielastische Eigenschaften erzeugt,
       D ❑ plastische Eigenschaften erzeugt,
       E ❑ Polykondensationsprodukte gebildet.
    f) Bei der Verbrennung von PVC entstehen
       A ❑ Kohlenstoffdioxid und Wasserdampf,
       B ❑ Kohlenstoffdioxid und Wasserstoff,
       C ❑ Kohlenstoffdioxid, Wasserdampf und Chlorwasserstoff,
       D ❑ Kohlenstoffdioxid, Wasserdampf und Chlor.
    g) Beim Kunststoffrecycling werden Kunststoffreste
       A ❑ zerkleinert und umgeschmolzen,
       B ❑ in Säuren und Basen gelöst,
       C ❑ in niedermolekulare Bestandteile abgebaut,
       D ❑ zu neuen Polymeren umgesetzt,
       E ❑ durch Verbrennen zur Energieerzeugung genutzt.

Chemie heute S I

© 2015 Schroedel, Braunschweig